I0201979

www.ingramcontent.com/pod-product-compliance
Lightning Source LLC
Chambersburg PA
CBHW061719020426
42331CB00006B/1005

9781942912224

مازیار ،گاو سیاه، دست سرنوشت

maziar, black bull, the hand of fate

نویسنده: علیرضا رضایی

writer: alireza rezaei

این کتاب نخستین اثر علیرضا رضایی به فارسی میباشد. اثر فوق در یک جلد و
شامل فصول مختلف میباشد . داستان زندگی پسری است که اسیر دست سرنوشت
شده و در طول زندگی اش فراز نشیبی های زیادی را پشت سر میگذارد،

و بسیار جذاب و خواندنی میباشد.

عنوان کتاب: مازیار ،گاو سیاه، دست سرنوشت

نویسنده: علیرضا رضایی

شابک: ۹۷۸-۱۹۴۲۹۱۲۲۲۴

ناشر: هنر برتر (سوپریم آرت)، آمریکا

شماره کنترلی کتابخانه کنگره (LCCN): ۲۰۱۶۹۲۰۰۴۹

Library of Congress Control Number: 2016920049
Publisher: Supreme Art, Reseda, CALIFORNIA
ISBN: 978-1942912224

علیرضا رضایی در سال ۱۹۷۵ میلادی در یکی از شهرهای شمال

مازندران(محمودآباد) چشم به جهان گشود

این نویسنده داستانهای متعددی نوشته است که اثر فوق یکی از آثار بی نظیر او

می باشد.

تقدیم به پدر و مادر عزیزم به پاس تمام زحماتشان

Dedicated to Mom and Dad to pass all the hard work

و

and

با تشکر از زحمات خواهرم محدثه رضایی

thanks to the efforts of sister m.rezaei

فصل ۱

خانه در سکوت کامل بود و بوی خوش گلهای رز سفید و گلهای داودی و اطلسی حیاط را پُر کرده بود که مازیار خسته و دل زده از درس و مدرسه به خانه برگشت. یک سر به آشپزخانه رفت شکمش حسابی به قار و قور افتاده بود از گرسنگی داشت هلاک می شد یک تکه نان از تَه جا نانی برداشت با ولع و اشتها مشغول خوردن شد صبحها وقت مدرسه آنقدر خواب آلود بود که چیزی نمی خورد یعنی چیز دندان گیری توی خانه نبود تا صبحانه ای بخورد همیشه هم سرکلاس بی رمق می نشست و چیزی هم از درسهای معلم سر در نمی آورد به اجبار مادرش مدرسه و کلاس را تحمل می کرد و همین قدر هم که هر سال به کلاس بالاتری میرفت به کمک و پیگیری مادرش بود که نمی خواست مازیار مثل اصغر بیسواد و بی منطق بار بیاید .

اصغر(پدرش) هر روز تا غروب در گاو داری تازه تاسیس ده، کارهای سخت تمیز کردن جای گاو های نر گوشتی را بر عهده داشت و حسابی هم به کار و شغلش می بالید و سعی میکرد کارهایش را به نحو احسن انجام دهد تا مورد توجه صاحب کارش باشد بعد از آن همه سال بیکاری کاری پیدا کرده بود مشغول کار شده بود می خواست طوری کار کند تا دوباره بیکار نشود .تازه داشت از بدبختی و فلاکت بیرون می آمد دست و بالش باز می شد پولی برای خرجی روزانه زندگیش بدست می آورد از بس برای جبران نداشتی و بی پولی با زن و بچه اش گلاویز شده بود و شکم گرسنه آنها را با مشت و لگد ساکت کرده بود خسته شده بود سعی می کرد با تلاش و حرف شنویی وکار زیاد در گاو داری نظر علیمراد

صاحب گاو داری را نسبت به خود مساعد داشته باشد برعکس در خانه مثل سگی بود که پاچهٔ زن و بچه اش را گاز می گرفت وقتی هم که عصبانی می شد طوری بود که شمر هم جلودارش نبود. مثل سگ حار به جان گل بهار می افتاد و زیر مشت و لگدش می گرفت گل بهار از ترسش به گوشه ای پناه می برد سرش را بین دستانش پنهان میکرد تا مشت های محکم اصغر به سر و صورتش نخورد و تا بتواند برای کارکردن و رخت شویی در خانه اهالی ده از خانه بیرون برود.

اصغر فریاد زنان : زن چایی ات چرا آماده نیست؟ غذا را چرا حاضر نکردی؟ کدوم گوری بودی؟

مازیار تا صدای اصغر را می شنید در می رفت .بارها هم شده بود که راه فرار نداشت به سختی کتک خورده بود و اگر مادرش مانع نمی شد زیر مشت و لگد اصغر مرده بود .

اصغر بدون دلیل شروع می کرد به کتک کاری، تا جایی که خسته می شد و مثل یک وحشی گوشه ای می افتاد و خورناسش بلند می شد .

مازیار هیچ وقت دلیل کتک خوردن خودش و مادرش را نمی فهمید و سر در نمی آورد فکر می کرد آمدن پدر به خانه با کتک خوردنشان به هم ربط دارد و خودشان هم به کتکهای اصغر عادت کرده بودند .

مازیار همیشه سعی می کرد کنار دست و جلوی چشم اصغر نباشد تا به او گیر بدهد وکتکش بزند ولی گل بهار بیچاره همیشه تاوان کتک های آنها را پس می داد و همیشه زیر مشت و لگد اصغر، خودش را فدای بچه هایش کرده بود دردها و زخم زبانها و فحشهای اصغر را بخاطر بچه هایش تحمل می کرد و به خود

امید می داد بچه ها بزرگ می شوند و زیر بال و پرش را می گیرند بخصوص مازیار ثمرهٔ عشق و رنج و آرزوهایش بود عصارهٔ شادی ها و تلخی ها، چکیده دوست داشتن های بی دلیل ، مازیار از هم کلاسی هایش شنیده بود که اگر کسی بداخلاق باشد ممکن است جنی شده باشد و فکر می کرد یک نوع مرض است که به جان پدرش افتاده است . برای او فرقی نداشت که پدرش چه مرضی دارد مازیار فقط به این فکر می کرد که یک طوری از دست کتکها و فحش هایش خلاص شود آرزو داشت مثل گاوهای نر گاو داری قوی و پر زور باشد مثل همان گاو بزرگ و سیاه که در گاو داری علیمراد که پدرش کار می کرد دیده بود قوی و پر زور باشد از پدرش شنیده بودکه این گاو نر به تنهایی می توانست یک خرس را ناکار کند و چند آدم قوی هم نمیتوانند جلودارش باشند   برای همین برای مهار خشمش از دماغش طنابی رد کرده اند تا بتوانند با کشیدن آن حیوان خشمگین را کنترل کنند .

مازیار همانطور که داشت دربارهٔ گاو سیاه برای بچه های کلاس می گفت خودش را هم با گاو نر سیاه مقایسه میکرد و توی دلش میگفت. ای کاش من هم آنقدر قوی بودم تا میتوانستم جلوی زورگویی پدرم بایستم و از او کتک نخورم .

به بچه ها گفته بود من از درس و مدرسه خوشم نمی آید همین که بزرگتر شدم فرار میکنم میرم به جنگل برای خودم زندگی می کنم گور هر چه درس و خونه ، از بس کتک خوردم و فحش بد و بیراه شنیدم خسته شدم . هر روز کتک، هر روز فحش بچه ها امّا به او می خندیدند و افکارش را مسخره می کردند وقتی هم از مدرسه به خانه بر می گشتن حرفهای مازیار را به خانه می بردند و برای

٧

پدر و مادرشان تعریف می کردند خانواده شان هم گوش می کردند آنها بارها حال روز گل بهار بی چاره را دیده بودند و در دل برای گل بهار و مازیار دلسوزی می کردند اهل آبادی به خوبی خوی وحشی اصغر را می دانستند اما کاری از دستشان ساخته نبود و به کار خود مشغول می شدند .

درب حیاط خانه باز شد گل بهار خسته و هلاک شده داخل شد، خسته و کوفته از کارها و رختشویی خانه مردم، از مازیار پرسید :تازه از مدرسه آمدی؟ مازیار گفت : آره، مامان تازه رسیدم .

گل بهار: درس و مشقت چطوره، آقا معلم از دستت راضیه؟ !

مازیار با بی حالی تمام گفت :بد نیست، آقا معلم میگه پدرت را بیار مدرسه کارش دارم، من جرات ندارم به بابا چیزی بگم مامان تو بیا مدرسه، من دیگه حوصله مدرسه و درس و کلاس رو ندارم .

گل بهار! با اوقات تلخی گفت :تو غلط می کنی می خوای مثل بابات حمال مردم بشی و بشی مثل بابای بدبختت که هشتش گرو نهشِه، من دارم بخاطر شما این سختی و بدبختی را تحمل میکنم تا شما بزرگ بشید درس بخونید برای خودتان کسی بشید و توی پیری عصای دستم باشید اگر یک باره دیگه این حرف بزنی دیگه من مادرت نیستم شیرم حرامت باشه آغت می کنم درس نخونی، میدونی اگه از مدرسه بیرون بیای همراه بابات باید بری گاوداری ، چطور می خوای یک روز تمام با اون باشی تحملش کنی تو یک ساعت حوصله اش رو نداری از بس به پرو پارچه ات می پیچه .

مازیار با ناراحتی تمام حرفش را پس گرفت و گفت :مامان تو رو خدا یک موقع به بابا نگی من بهت چی گفتم .

گل بهار با اخم با کلام تلخی گفت :به شرطی که دیگه از این حرفا پیشم نزنی و درست را بخوانی!

گل بهار گفت، حالا بیا یه چیزی بخور، که باید سریعتر غذای بابات را ببری تا دادش در نیامده. سر راهت هم بچه های مردم و اذیت نکن، همیشه وقتی بیرون میرم مادرهاشون از دستت شاکی هستند و منو می بینن میگن مازیار بچه ام رو زده، بچه مگه تو مرض داری با همه دعوا می کنی راهت را بگیر و برو و با کسی کار نداشته باش.مثل پدرت دست بزن نداشته باش مردم آزاری عاقبت ندارد .

مازیار همانطور تند تند لقمۀ غذا را قورت میداد گفت :آنها خودشان مسخره ام می کنند من هم ادب شون می کنم تا به قویتر از خودشون بد و بیراه نگن .

گل بهار : تو پسر خوبی باش.چیزی نگو.

گل بهار ناهار اصغر را توی سفره ای پیچید در سبد قرار داد و گفت : حالا زودتر برو که داد بابات در میاد .

گل بهار : سبد ناهار را داد دست مازیار و گفت : هر چی بهت گفت چیزی بهش نگو باهاش یکی به دو نکنی ها ، بعد این که بابات نهارش رو خورد. موقع آمدن سر راهت چند تا نون از ننه بلقیس بگیر و تند بیا خونه، نون و سنگی نکنی ، تو سفره خوب بپیچش تا گرم بمونه. مواظب باش من هم فردا خودم میام مدرسه .

مازیار راه افتاد . تو راه رفتن به دام داری چند تا از بچه ها سر به سرش گذاشتن

و مسخره اش کردند مثل حرفای خودش راجع به گاوسیاه خشمگینش کنند بخندند. ولی او حوصله سر وکله زدن و ادب کردنشان را نداشت چون دیرش می شد و پدرش حسابی کفرش بالا می آمد فقط غُری زد :شما را دوباره که میبینم به گیرم که افتادید پدرتون رو در میآورم بعداً نشونتون میدم حالا هر چی زِر میزنید بزنید .

به گاوداری که رسید از ظهر کمی گذشته بود رفت توی آغل، توی تاریکی او را دید و پدرش را صدا کرد اصغر صدایش را شنید و گفت :کدام گوری بودی بچه ساعت نزدیک یک شده نمیگی بابات از گرسنگی سقط میشه اون مادر بی عرضه ات آنقدر لی لی به لالایت می گذاره پاک کودن و سربه هوا شدی.

مازیار با ترس و لرز سبد غذا را دست پدرش داد و دورتر از او نشست. اصغرهم گوشه ایی که کاه تمیز قرار داشت نشست و سفره را باز کرد شروع کرد به خوردن ، مازیار به دست و دهان پدرش نگاه می کرد که چطور با حرص و ولع غذا میخورد چشم اصغر که با مازیار افتاد. رو به او چیه بِر و بِر نگام می کنی تا حالا کدام گوری بودی، مادرت چیکار می کرد جایی که نرفته بود .

مازیار گفت :بودم مدرسه، نه جایی نرفته بود، فقط اکبر رو برده بود خانه مش غلام تا با نوهاش بازی کند، و رختشان را شست و آمد، اکبر هفت سال از مازیار کوچکتر بود .بین آنها دو نوزاد به دنیا آمده بودند که از تب و سرخک مُردند .

اصغر تند تند غذا میخورد مازیار از خستگی گوشه ای کز کرده بود و داشت چُرت میزد چشمهایش گرم شد خواب چقدر برایش لذتبخش بود .

فصل ۲

گل بهار پشت پنجره ایستاده بود و داشت به اصغر نگاه میکرد که گوسفندها را از توی آغل بیرون می آورد مشهدی حسن هم ایستاده بود و داشت با اصغر صحبت می کرد توی چشمهای شاد و پر از خنده گل بهار یک چیزی خانه کرده بود که برایش تازگی داشت یعنی هر وقت که اصغر را می دید دلش طوری می شد انگار دلش غنج می کشید و با هر نگاه وحشی اصغر که توامان با حجب و حیا بود صورتش گر می گرفت برایش خوشایند بود چند بار خواست که دیگر جلوی دید اصغر سبز نشود و یا دیگر یواشکی نگاهش نکند امّا این او بود که همیشه شکست میخورد و هیچ وقت هم از پس دلش بر نیامده بود .

اصغر طوری وانمود می کرد که دارد با مشهدی حسن حرف میزند یعنی روبروی پنجره ایستاده بود و به گوشه ای که گل بهار ایستاده و نگاهش می کرد دل داده بود مشهدی هم بیخیال از همه جا داشت حرفهایش را میزد :اصغر جان، تازگی ها شنیدم گرگ زده به گلۀ مشهدی حسین و ده پانزده تا از گوسفندها را لت و پاره کرده، خیلی هوای گله را داشته باش یک موقع به امون خدا رهایشان نکنی ها!

اصغر :چشم مشهدی.هوایشان را دارم.

اصغر که دلش فقط به سمت پنجره پر می کشید توجه زیادی به حرفهای مشهدی حسن نداشت و فقط گل بهار توی نظرش بود گفت :چشم مشهدی، مواظبم، با این سگ هایی که ما داریم گرگ ها جرات نمی کنند جلوی گله ما آفتابی بشن .

گله به راه افتاده بود نمی توانست بیشتر از این گله را منتظر نگه دارد و باید با گوسفندها همراه می شد، با صدای بلند از مشهدی خداحافظی کرد هر چند مشهدی حسن نزدیکش بود ولی می خواست گل بهار صدایش را بشنود .

مشهدی گفت :در امان خدا ! . اصغر اصلاً دلش نمی آمد حیاط دوست داشتنی وخانه ای که گلبهار در آن بود را ترک کند .

گل بهار همچنان پشت پنجره ایستاده بود و داشت به رفتن و دور شدن اصغر نگاه می کرد افسوس و علاقه توی چشمها و چهره اش نمایان بود، رفتن و دورشدن چقدر برایش سخت بود کاش هیچوقت دورشدنی وجود نداشت .

غروب شده بود شب داشت کم کم سایهٔ سیاه اش را توی آبادی می گستراند که اصغر به همراه گله به آقل خانه مشهدی حسن رسید در باز شد سایه گل بهار زودتر از خودش از در بیرون آمد و با شرم گفت :سلام،

اصغر هم سلام کرد .

گوسفندها برای رفتن به داخل حیاط با هم یکی بدو می کردند و روی هم می پریدند تا زودتر داخل شوند اصغر: مشهدی کجاست گل بهارخانم؟!

گل بهار همچنان خجالت زده گفت :کدخدا کارش داشت رفت خانهٔ کدخدا و سفارش کرد که گوسفندها را توی آغل جا کنی و شیرشان را بدوشی .

از اینکه به اصغر دستور می داد برایش سخت بود اصغر اما با جان ودل گفته های گل بهار را می شنید و هر کلمه ایی را که از دهانش خارج می شد مثل عسل با گوش جان می نوشید و چشم، چشمش زودتر از حرفهای گل بهار گفته می شد گوسفندها به عادت هر روز راهشان را گرفتند و رفتند توی آغُل، تنها

۱۲

بودند ، اصغر چقدر آرزوی چنین روزی را توی ذهنش می آفرید و همیشه به این خیال که هیچ وقت این فرصت برایش مهیا نمی شود دلش دائم در رنج و عذاب بود حرفهای زیادی برای گفتن به گل بهار داشت حرفها و درد دلهایی که توی دلش سنگینی می کردند و تنها کسی که می توانست آنها را به او بگوید گل بهار بود .

حالا گل بهار درست چند قدمی اش ایستاده و به او نگاه می کرد. نگاه پر از حرفش را احساس می کرد . ماهها و روزها این نگاه را از پشت پنجره دیده بود می توانست با تمام وجودش احساسش کند .

هیچ وقت درا ین چنین موقعیتیی باهم تنها نشده بودند ولی از بخت بد تمام حرفها و کلماتی را که روزها و ماهها در ذهنش تلنبار شده بود از ذهنش پر کشیده بودند و کلمات توی دهانش یخ زده بود مغزش را می کاوید تا برای بازکردن گفتگو حرفی بزند هیچ چیز به خاطرش خطور نمی کرد و فقط توانست از آخر شروع کند: گل بهار خانم زنم میشی؟!

خودش از اینکه این همه جرات و جسارت پیدا کرده بود تعجب می کرد و فقط به چشم و دهان گل بهار نگاهی کرد و سرش را پایین انداخت و منتظر شنیدن بود، اگر می گفت تو به چه جراتی به خودت اجازه میدهی تا این حرف را بزنی ؟ اگر می گفت به آقا جانم می گویم تا بیرونت کند. ولی گل بهارهیچ چیز نگفت فقط سرش پایین بود و سکوت کرد در صدا کرد و باز شد .شعبان نیامده داد کشید: گل بهار؟ رمضان و قدرت که داخل شدند بهتشان زده بود، گل بهار در کنار اصغر درآ غول گوسفندان چه می کرد. دست و دلشان لرزید در بد موقعیتی گیر افتاده بودند بایستی

۱۳

بهانه ایی می آوردند امّا چه بهانه ایی می توانستند برای سه برادری که یکی از یکی شان غیرتی تر بودند بیاورد قدرت نعره زد ای بیشرف نمک به حرام !

صدای رمضان برادرکوچکتر گل بهار بودکه با فریاد می گفت: خودم می کشمت نامرد! چوب دستیش را حواله کت کول اصغر کرده بود.

و سه تایی ریختند روی سر اصغر، گل بهار از ترس جیغ کشید، به سمت اتاق فرار کرد. اصغر زیر مشت و لگدها و چوب دستی تا میشد و خون از سر و رویش جاری بود، گوسفندها از آغل بیرون آمده بودند و نگاه می کردن درآخرین لحظه مشهدی حسن سر رسید فریادی به سر پسرانش کشید بسته دیگه کشتین فلک زده بخت برگشته را. اصغر تازه از خواب بیدار شده بود تکانی خورد مهرهای کمرش دوباره تیر کشیدند، اتاق بوی نم و تنهایی می داد یک ماه می شد که افتاده بود و ناکار شده بود توی اتاقی که در دورترین نقطه آبادی قرار داشت شب و روزش را با درد و آه و ناله می گذراند فقط مشهدی بود که هر روز چند بار بهش سر میزد و برایش غذا می آورد و شکست بندی پیری که چند بارآمد و استخوانهای شکسته بدنش را آتل بندی کرده بود،به مشهدی گفته بود دیگر نمی تواند مثل سابق در کوه وکمر بالا پایین کند و پی گله بدود به نویی نیمه چلاق شده بود باید خیلی استراحت می کرد تا مثل سابق می توانست راه برود. خواست از پنجره به بیرون نگاه کند. امّا نمیتوانست خودش را بلند کند و یا کمرش را تکان دهد .

در صدا کرد مشهدی یا الله ای گفت وارد شد با بقچهٔ صبحانه و یک کاسه شیر تازه دردست گفت: چطوری اصغر بهتر شدی؟!

اصغر گفت: امروز کمی بهترم ولی فکر نمی کنم بتونم تا آخر عمر خودم رو تکون بدم

مشهدی گفت: نه پسرم، خوب میشه بهتر از اول

و بقچه را باز کرد بوی نان تازه،گل بهاراصغر را به اشتها آورد بقچه بدجوری بوی گل بهار را میداد می دانست غذا را گل بهاربرایش آماده می کند.بغض گلویش را می فشرد. گوشه چشمش خیس شده بود .

مشهدی گفت: از وقتی که خودت و به این روز در آوردی گله بدجوری بی صاحب شده پسر یداله هم کارش زیاد تعریف نداره، دیروز باز هم یک بره گمشده

اصغر کاسه شیر را سر کشید وگفت: دلم خیلی برای گله تنگ شده

مشهدی گوشه چانه اش را خاراند وگفت: این بلا را خودت سرخودت آوردی .اگر آن روز آن اشتباه را نمیکردی و خودسر با گل بهار مشغول گفتگونمی شدی پسرانم غیرتی نمی شدن واین بلارو سرت درنمی آوردند حالا میتونستی برای خودت توی صحرا باشی و به این حا ل و روز نمیافتادی.

اصغر آهی کشید و گفت: بخدا مشهدی، اصلاً نیت بدی نداشتم گفتم حالا که به آغل نزدیک من آمده از او خواستگاری کنم فقط میخواستم از او بپرسم که زنم می شود.می تواند مرا به عنوان همسرش قبول کند.

مشهدی سیگاری روشن کرد و دودش را با ولع قورت داد و گفت: اگه این حرفُ دوباره به پسرام بگی باز هم همین المشنگه را بهپا میکنند.

پک عمیقی به سیگار زد و در حالیکه دودش را بیرون میداد گفت: درسته که ازدواج سنت پیامبر ماست ولی هر چیزی برای خودش رسم و رسومی دارد نباید خودت این

۱۵

کاررو میکردی و خودت ازگل بهار سوال میکردی من این را میگذارم به حساب جوانی و جاهلیات، جوانی هست و هزار اشتباه، تو فکر نکردی ما جلوی اهل آبادی آبرو داریم با این کارها آبرویمان ریخته میشود، کافی بود کسی غیر پسرانم، می آمدند وشما را کنار هم میدیدند، آبرویمان تو اهل آبادی میرفت .

اصغر سرش پایین بود و گوش میکرد و گفت: مشهدی بخدا اشتباه کردم فکر نمیکردم این جور میشود.همش می خواستم به شما بگویم رویم نمی شد .

مشهدی ته سیگار را از پنجره پرت کرد بیرون و با تأمل انکار که میخواست مسئله مهمی را بازگو کند گفت: حالا همه چیز گذشته و خدا را شکر اتفاقی بدتر از این پیش نیامده حالا میخواهم چهار کلام مرد و مردانه با تو صحبت کنم من میدانم تو چه جوان کاری و زحمتکشی هستی .

اصغر توی فکر رفته بود که مشهدی چه میخواهد بگوید نکند میخواست با این حرفها بیرونش کند و بگوید وقتی بهتر شدی بروی دنبال کار و زندگی خودت ، مشهدی اگر این را میگفت اصغر برای همیشه میشکست یعنی دلش، غرور و نهال عشقی را که بهبار نشسته بود ناگهان می خشکید، اصغر تمام می شد اصغر میم رد .

مشهدی گفت: اگر واقعاً راست گفتی و به عشقی که آنقدر از پاکی و صداقتش گفتی هنوز هم ایمان داری! میخواهم به تو بگویم میتونی گل بهار را به همسری ات درآوری .

اصغر از شوق و هیجان آنچه می شنید داشت بال در می آورد دوست داشت با چلاقی اش تمام روستا را بدود و از خوشحالی گریه اش گرفت. تند دست های مشهدی را که نزدیکش نشسته بود گرفت و با هیجان بوسید. چند بار دست

چروکیده پیرمرد را بوسید و گفت: تا آخر عمر غلامت هستم مشهدی نوکرتم بهخدا مشهدی دستش را بیرون کشید و گفت: این چه کاریه پسرجان من فقط ازت می خواهم در زندگی مرد خوبی برای همسرت باشی یک انسان واقعی و زحمتکش .

روز ها و شب های اصغر پر از شادی و عشق، پر از خوشبختی، شده بود عطرگلبهار توی زندگیش پیچیده بود و اصغر با اشتیاق عشق را تنفس می کرد. داشتند شام میخوردند اصغر با اشتهای تمام به گل بهار نگاه میکرد بعد مدتی عشق و علاقه شان جوانه ای زده بود مازیار ثمره عشق تازه شان داشت شیر میخورد اصغر لقمه ها را نجویده با اشتها فرو میداد و به ثمره یک سال زندگی شیرین اش یعنی مازیار نگاه میکرد عشقش روز به روز به گل بهار افزون تر می شد. خدا تمام خوبی ها و شادی ها را بعد سال ها در به دری و تنهایی و تلخ زیستن یکجا با گل بهار به خانه اصغر فرستاده بود.

گل بهارگفت: بازم برات غذا بکشم.

اصغر مازیار را که شیر خورده بود توی بغل گرفت و گفت: نه ، دست و پنجه ات درد نکنه دیگر سیر سیر شدم. و مازیار را چند بار به هوا انداخت و با خوشحالی می گرفتش .

گل بهاربا خنده میگفت: نکن، بچه میترسه .

اصغر گفت: بچه باید از همین سن نترس بار بیاد قوی باشه تا کسی نتونه زور بهش بگه.

در صدا کرد گل بهارگفت: برم ببینم کیه.

اصغر گفت: تا وقتی مرد خانه است زن درا وا نمیکنه، خودم در را باز میکنم، و بچه بغل رفت در را باز کرد قدرت بود برادر گل بهار. چطوری قدرت ، بفرما تو، چه عجب این طرف ها.گل بهار از همان ایوان گفت: داداش قدرت بفرما داخل .

قدرت همراه اصغر آمد داخل و کنار ایوان ایستاد اصغر گفت: بیا بالا یه استکان چای در خدمت باشیم، از شام هم کمی مانده یک نفر را سیر می کند .

قدرت گفت: نه فقط آمدم بهت بگویم که گوسفند ها را یکجا فروختیم به کربلایی قربون، فردا کامیون می آید می برد شهر .

اصغر انگار پتکی به سرش کوبیده باشند هاج و واج به قدرت نگاه میکرد .

گل بهاربا اضطرابی که توی دلش خانه کرده بود گفت: برای چی فروختین

قدرت گفت: می خواهیم دست به کار دیگه ایی بزنیم گله داری جز دردسر چیزی دیگر به دنبال نداره گل بهار گفت: پس اصغر چیکار کنه؟

قدرت گفت: این دیگه مشکل خودشه، ما که ضمانتش نکردیم کارش دائم قایمی باشه توی این آبادی چیزی که فراونه کاره چوپانیه اصغر گفت: ولی من به گله و گوسفندها عادت کرده بودم مثل زن و بچه ام دوستشون دارم

قدرت پوزخندی زد و با تمسخر گفت: حالا آبجیمون پیشت مثل گوسفنده ،دوسش داره ؟! و بعد هم راهش را کشید و رفت و آنها را با غمی بزرگ تنها گذاشت .

شب اصلاً اصغر نتوانست بخوابد همه اش به فکر گله بود تازه داشت رنگ خوشی و خوشبختی را میدید که این اتفاق برایش پیش آمد. چقدر به گوسفندها عادت کرده بود. بیکار شده بود. هر چه از سر شب می گذشت کینه برادر زنهایش بیشتر توی

دلش خانه می کرد کینه سابقه داری که کم کم داشت فراموش میشد اما با این اتفاق باز هم زخم های کهنه یکی یکی زبان باز کرده بودند .

صبح بلند شد رفت خانه مشهدی حسن، با سوالهای بیشماری که توی ذهنش خانه کرده بودند

مشهدی گفت: بچه ها اجبار کردند من هم ناچار شدم قبول کردم پول چند تا از گوسفندها را هم برای تو کنار میگذارم

اصغر گفت: مشهدی، صحبت پول نیست، من به کارم علاقه داشتم حالا با این وضعیت چیکار بکنم

مشهدی گفت: خدا بزرگ است میروم پیش کدخدا تا اگر شد توی مزرعهاش کار کنی

اصغر می خواست بگوید من بااین پای شلم کمر داغونم نمی خواهم نوکری کسی را بکنم میخواهم چوپان تو باشم و درکار خودم باشم فقط گفت: آخه مشهدی من با این حال و روز بدم نمیتونم کار سخت بکنم

مشهدی قضیه دوسال پیش به خاطرش خطور کرد و گفت: راست میگی، اصغرجان یادم رفته بود، خوب حالا زیاد غصه نخور درست میشه

اصغر با نا امیدی از پیش مشهدی برگشت نمیخواست بیشتر از این خودش را خار و خفیف کند هر چه بود مرد بود و نباید اینقدر خودش را کوچک میکرد .

به خانه رسید گل بهار داشت رخت و لباس مازیار را میشست با دیدن اصغر گفت: چیکار کردی

اصغر گفت: هیچی و رفت توی خانه، با دیدن مازیار کمی ناراحتیاش کمتر شد، مازیار خواب بود رفت و صورتش را بوسید خودش هم کنار مازیار دراز کشید چقدر خسته بود انگار کوهی از غصه را به دوش میکشید .

چند هفته گذشت ولی اصغر کاری دست و پا نکرده بود هر روز پی کاری می رفت ولی کسی قبولش نمی کرد. چند ماهی را با پول گوسفندهایی که مشهدی داده بود گذراندند ولی اینطور که نمیشد زندگی کرد، اخلاقش روز به روز عوض میشد گل بهار کم حوصله گی و اخم و ناراحتیش را هر روز بیشتر از دیروز مشاهده می کرد اصغر به کلی داشت تغییر می کرد بی جهت ایراد می گرفت و لج می کرد و به برادرهای گل بهار بدو بیراه میگفت و فحش می داد. میگفت: این بلا را آنها به سرم آوردند مرا ناکار کردند و بعد هم کارم را از دستم گرفتند میدانم آنها از من بدشان می آید و خواستند این جوری تلافی بکنند

گل بهار هم ناراحت می شد و آرام آرام اشک می ریخت به اصغر حق میداد که این حرفها را بزند ولی همیشه میگفت: اصغرجان، اینطور هم که تو فکر میکنی نیست آنها می خواهند کار دیگری دست و پا کنند وگرنه این کار را نمی کردند. اصغراما کینه برادرها را سرگل بهار خالی می کرد. دیگر حق نداری با آن برادرهای نامردت رفت وآمد کنی .دیگر اجازه نمی دم حقم را ضایع کنند .هر چه گل بهار می خواست دلداریش بدهد. صغر اما این حرفها به خوردش نمیرفت و گوشش به این حرفها بدهکار نبود و هر روز بدتر از دیروز میشد .

یک سال گذشت و بیکاری امانش را بریده بود باید از این روستا کوچ می کرد باید

جای دیگری می رفت پی تقدیرش، شاید می توانست در روستای دیگرکاری گیر

بیاورد و از بلاتکلیفی بیکاری خلاص شود.

در اوایل پاییز یک روز بارانی روستای پرخاطره را ترک کرد و با تراکتور وسایل

اندک زندگی و زن و بچهاش را به روستای دیگر کوچ داد. دلش بدجور گرفته بود و

باران حسابی خیسشان کرده بود.

فصل ۳

دستی محکم خورد پس کله مازیار: آی پدرسوخته، از بس که مردم آزاری میکنی چند دقیقه هم که یک جا می تمرگی خوابت می گیره، بلند شو بقچه ناهار را ببر خونه . مازیار دستی به پس گردنش کشید از جایش بلند شد با ترس و لرز رو کرد به پدرش و گفت : پول بده از ننه بلقیس نون بگیرم

اصغر غرغر کرد و با بی میلی پول را انداخت کف دست مازیار و گفت: چقدر پول بهتان بدم تا شکم صاب مرده تان رو سیر کنید خسته شدم

مازیار با دلی پرکینه با عجله به طرف خانه براه افتاد ولی دلش نمی آمد قبل از رفتن سری به گاو دوست داشتنی اش نزند. گاو نر سیاه با آن هیبت تنومندش مانند تپه ایی سیاه و بزرگ نشسته بود و دهانش میجنبید مازیار از دیدنش حظ می کرد و توی دلش گفت کی می شود مثل این گاو پر زور و قوی بشم و به تنهایی جلوی چند آدم خشن مانند پدرم بایستم و آنها را بترسانم تا این قدر کتکم نزنند.

مازیار با خیالات کودکانه اش، از گاوداری بیرون رفت توی آبادی مردم در رفت و آمد بودند عده ای جلوی قهوه خانه نشسته بودند. از خانه ننه بلقیس چند تا نون گرفت.

به خانه رسید بقچه ناهار و نان را به مادرش داد و گلبهار پرسید: بابات چیزی نگفت؟

مازیار گفت: زیاد حرف نزدیم فقط موقعی که داشت غذا میخورد خوابم برد و با پس گردنی بیدارم کرد .

گل بهارگفت: اشکالی نداره، خودت را ناراحت نکن، خودت اخلاق پدرت رو که میدانی. بزرگ بشی همه چیز رو فراموش می کنی آنوقت می شی آقا دکتر و اصلاً یادت میره چه زندگی سختی داشتی

اما مازیار زیر لب چیزی گفت که گل بهار نشنید رفت پیش اکبر و مشغول بازی با او شد بدجور به اکبر دلبسته بود و هر روز با او بازی می کرد و او را می خنداند و برایش شکلک در می آورد و اکبر هق هق می کرد و می خندید و مازیار هی صورتش را می بوسید .

گل بهار رو کرد به مازیار و گفت: حالا بلند شو درسات رو بخون

مازیار غر زد: حوصله ندارم

گل بهار عصبانی همراه چند سرفه گفت: بلند شو برو درست را بخوان من اینقدر که به آینده ات دل خوش کرده ام تو نکردی اینقدر که بهت میگم درس بخون تا مثل پدرت حمال مردم نشی باز هم تو کتت نمیره، زبونم مو درآورد از بس پند و نصیحت کردم و بعد محکم کوبید به سینه اش: خدایا منو بکش تا از دست این پدر و پسر راحت بشم . حال گل بهار چندان خوب نبود. گفت: پدرت که اونجوری عذابم میده تو هم اینجوری.

مازیار دلش نمی آمد مادرش را ناراحت کند از اینکه اینطوری مادرش را عذاب میداد ناراحت می شد ولی چیکار میکرد او که درسهایش بدرد نمیخورد و همیشه کم میشد چطور می توانست دکتر بشود و جلوی مادرش رو سفید از آب در بیاید

صبح گل بهار برای دیدن نمرات مازیار و پرسیدن وضعیت درسیش از معلمش به مدرسه رفت، معلم مازیار از تنبلی و بازیگوشی مازیار برای گل بهار گفت: اگر مازیار

۲۳

به همین نحو پیش برود و درس و مشقش را انجام ندهد، مطمئن هستم که مازیار مردود میشود،

معلم مازیار برای گل بهار توضیح می داد که مازیار بچه ای نا آرام و شلوغی شده است و اکثر زنگ های تفریح با همکلاسی هایش دعوا می ا فتد.

اگر همینطور پیش برود از مدرسه او را اخراج میکنند. گل بهار نشسته بود سرش را از شرمندگی بلند نمی کرد، چگونه می توانست. داشت به حرفهای معلم مازیار گوش میداد، بغض گلویش را فشار میداد، نمی توانست نفس بکشد. معلم مازیار از او خواهش کرد که کمی بیشتر به تربیت مازیار توجه کنند و مواظب درس و تکالیف مدرسه اش باشند .

گل بهار تنها گفت: چشم آقا معلم من تمام سعی خودم را میکنم. اما سرفه امانش را گرفت حرفش را نگفت. از مدرسه بیرون آمد .

چشم های گل بهار خیس شده بودند، تب داشت، رنجور بود، راه می رفت نمی دانست چکار بکند. حرفهای معلم مازیار توی مغزش چرخ میزد، نمی خواست، نمی توانست تحمل کند، بلاجبار با سختی و رنج کلفتی مردم را میکرد. لباسهای چرک بچه های مردم را میشست، خانه مردم را نظافت میکرد. به امید آنکه مازیارش درس بخواند و آینده اش را تباه نکند، شب و روز از خواب و خوراکش میزد تا مازیار بتواند درسش را ادامه دهد. ولی میدید که مازیار هر چه بزرگتر میشود، از درس و مدرسه بیزار تر میشود و درسش هم ضعیف تر میشود، مازیار به کمک گل بهار چند سال گذشته را با مشقت توانست قبول شود، گل بهار می دانست سالهای گذشته مازیار از او میترسید و بیشتر به حرفش گوش میداد، ولی دیگر مازیار داشت جا پای پدرش

اصغر می گذاشت جسور شده بود با همه دعوا میکرد، به حرفش گوش نمیداد، درسش را نمیخواند، حالا هم معلمش پاک از او قطع امید کرده بود مازیار ممکن بود مردود شود، مردود، گل بهار نگران آینده مازیار بود .

هنوز به خانه نرسیده بود، سرش گیج رفت توی کوچه افتاد، فشارش افتاد، روحش، دلش شکسته بود، وقتی چشمش را باز کرد دید در خانه است. همسایه اش صغری خانم و گلی خاتون کنارش نشسته بودند، نای حرف زدن نداشت، نزدیک ظهر شده بود نفهمید چگونه و چطور او را به خانه آورده بودند اما هر چه بود از زندگی سیر شده بود، تنها گفت: چه اتفاقی افتاده، چی شده .

صغری خانم همسایه خوبش بود که گفت: چیزی نشده گل بهار خانم. تو کوچه حالت کمی بد شده، از حال رفتی، غش کردی، منو و گلی خاتون آوردیمت خانه، خدای ناکرده برایت اتفاقی افتاده، مثل گچ سفید شده بودی، خواهر جان چرا انقدر خودت را عذاب میدهی تو که حالت خوب نیست مریض هستی، تب داری چرا میروی در خانه مردم کار کنی اول به فکر سلامتی خودت باش بعد هم کار هست، اگر تو نباشی کی میخواد به بچه هایت برسه لاعقل کمی به فکر سلامتی خودت باش، کمی هم به خودت برس، تا نای کارکردن داشته باشی، خدای ناکرده بلایی سرت می آید .

گل بهار تنها گفت: صغری خانم، گلی خاتون تو زحمت افتادید شرمنده ام،

صغری خانم: کاری نکردم، وظیفه ما بود، گلی خاتون و صغری خانم کمی در کنار گل بهار ماندن ولی کار داشتن رفتند، گل بهار با بیحالی و تب از جایش بلند شد، نمی خواست دوباره داد و بیداد اصغر را با این حال و روزش بشنود، دوست نداشت

مازیار و اکبر با مریضیش ناراحت شوند. گل بهار برایش، تب و بیهوشی تازگی نداشت. خیلی وقت بود داشت با تب و رنج زندگی میکرد، و دم نمیزد. اصغر گوش شنوا و چشم بینا نداشت. اصغر اصلاً توجه نمی کرد. قبل از آنکه مازیار بیاید، نهار را آماده کرد، نمیخواست مازیار متوجه اتفاق امروزش شود. بیماری و رنج زندگی گل بهار را از پای درآورده بود. زندگی هر روز برایش تلخ تر میشد. بیماریش کم کم، شدید تر می شد، سرفه هایش بیشتر شده بود،

روز و شب می گذشت، حال گلبهار بدتر شده بود، پاهایش تحمل جسم نحیفش را نداشتن دیگر پاک زمین گیر شده بود، اوایل با سختی خودش را از جا بلند میکرد و به کارهای خانه می رسید، چند روز هفته هم در خانه مردم برای کار می رفت. بعد از یک ماه حال گلبهار بد و بدتر خراب شده بود، جسمش دیگر رمقی برای کار نداشت، روحش اشتیاق زندگی را از دست داده بود، دیگر، عشق و علاقهای نه به اصغر و نه به خاطر مازیار مانده بود که برای ادامه زندگی بجنگد در وجودش جرقه ای از امید پیدا نمیکرد تا بتواند به زندگی علاقه ای داشته باشد. شدت بیماریش بیشتر شده بود گاهی همراه سرفه های شدیدش، خون بالا می آورد. بیماری سل گلبهار را از پا انداخته بود، اوایل خودش را به امید آینده مازیار دلخوش میکرد، داشت بر بیماریش غلبه میکرد، ولی دیگر امید چندانی برای زندگی نداشت، روزهای زجرآور و تلخش ادامه داشت، اصغر اصلاً توجهی به حال بد گل بهار نداشت، هر روز به گل بهار غر میزد تنها وقتی که گل بهار به کلی زمین گیر شده بود او را کتک نمیزد، ولی اصلاً برایش فرقی نداشت، چشمش را به روی خوبیهای گلبهار و حقیقت زندگیش بسته بود زمستان با رنج و درد فراوان تمام شد. بهار فرا رسیده بود،

گلبهار کمی بهتر شده بود، آن هم به خاطر توجه صغری خانم همسایه اش بود که چون مادر به گلبهار می رسید، صغری خانم حال و روز بد گلبهار را می دانست. سعی میکرد تا جای ممکن از او پرستاری کند، خودش سوپ تهیه می کرد به گل بهار می داد، کار بچه اش را می رسید، نهار می پخت، چند بار هم به خرج خودش برای گل بهار دکتر به ده آورده و برایش جوشانده دم می آورد به گل بهار میداد. دکتر گفته بود باید هرچه زودتر در بیمارستانی بستری شود در غیر این صورت زیاد دوام نمی آورد. صغری خانم به اوگفت: با هم به بیمارستانی در شهر بروند. تا حالش خوب شود. ولی گل بهار به خاطر نداری از پذیرش درخواست صغری خانم امتناع می کرد دلایلی آورد و گفت : من به لطف زحمت های که برایم میکشی بهتر هستم و نیاز به دوا و دکتر بیشتر ندارم. دیگر راضی به زحمت و مزاحمت بیشتر برای تو نیستم. صغری خانم تو برایم مثل خواهر نداشته ام عزیزی هیچ زحمتی نیست.خوشحال میشم کمکی به تو کنم .

فصل بهار تمام شده بود، مدرسه ها تعطیل شده بود، مازیار نتیجه امتحانش را خوب میدانست .

چیزی نخوانده بود، امتحاناتش را خراب کرده بود، از قبل میدانست کلاس پنجم را قبول نمیشود .

برایش فرقی نداشت، تصمیمش را گرفته بود، قبل از فهمیدن مادرش از خانه در رفت، ولی نمیدانست که چقدر مسئله درسش برای مادرش حیاتی و مهم بوده مازیار نمیدانست تنها دغدغه روحی مادرش آینده نامعلوم اوست .

گل بهارحالش خوب نبود، خودش نتوانست به مدرسه مازیار برود و کارنامه اش را بگیرد، از صغری خانم همسایه اش خواهش کرد که هر وقت برای گرفتن کارنامه پسرش هوشنگ به مدرسه می رود به جای او کارنامه مازیار را هم بگیرد .

مازیار از پشت در اتاق صدای مادرش را شنیده بود که با صغری خانم حرف میزد، گل بهار از جایش نمیتوانست بلند شود،

صبح زود مازیار از خانه فرار کرد، اول تصمیم داشت به جنگل برود ولی چیزهایی که از جنگل و حیوانات جنگلی شنیده بود مانع فرار او به سمت جنگل شد، خودش را در باغ بزرگ کدخدا مخفی کرد تا آبها از آسیاب بیفتد .

صغری خانم کارنامه پسرش هوشنگ و کارنامه مازیار را گرفت . هوشنگ قبول شده بود ولی نمیدانست با چه زبانی و چه رویی کارنامه مازیار را به گل بهار بدهد، مازیار مردود شده بود .

تمام راه مدرسه تا خانه ی گل بهار در فکر بود، اگر گل بهار می شنید که مازیار رفوزه شده دق میکرد، صغری خانم حالیش نشد که کی به در خانه گل بهار رسیده بود، چاره ای نبود باید کارنامه مازیار را نشانش میداد، گل بهار خودش خواهش کرده بود که او برایش کارنامه مازیار را بگیرد و بیاورد نمیتوانست نشانش ندهد، صغری خانم دم در ایستاده بود، میخواست برگردد و بعداً بیاید و بگوید، نگرفته ام، یا کاری داشتم نتوانستم، ولی میدانست نمیتواند به گل بهار دروغ بگوید ممکن بود با حال مریضش به مدرسه برود آنوقت بدتر میشد، پس فکر کرد چاره ای نیست، باید به گل بهار بگویم، و کارنامه را نشان بدهد .

در باز بود، تنها چند ضربه به در نواخت بعد هم وارد حیاط شد، جز اکبر کسی در خانه نبود، گل بهارکنار اتاق دراز کشیده بود حالش اصلاً خوب نبود،

صغری خانم سلام کرد بعد هم گل بهار با گفتن، سلام صغری خانم آمدید، زحمت کشیدید، کارنامه را گرفتی، قبول شده ... ؟

صغری خانم نشست، چیزی نگفت، هوای اتاق دم کرده بود، سکوت بینشان بیداد میکرد، گل بهار پی به ماجرا برده بود، فهمید مازیار روفوزه شده، ولی جرأت گفتن را نداشت. تنهاگفت: صغری خانم، پس چرا چیزی نمیگویی،

صغری خانم سرش را بلند کرد، نگاهی به صورت رنجور گل بهارکرد، نمیدانست چه بگوید، دستش را لای چادر دور کمرش برد، کاغذی را از بینش بیرون آورد، به گل بهار داد، تنها گفت: دوباره میتواند، جبران کند،

گل بهار کارنامه را از دست صغری خانم گرفت، چشمش به مهر کنار کارنامه خورد، مردود، سرش گیج رفت، نمیتوانست سرجایش بنشیند، دوباره دراز کشید، حالش بهم میخورد، صغری خانم با عجله گفت: گل بهارخانم زیاد خودت را ناراحت نکن، برای حالت خوب نیست، حالا اتفاقی هست که افتاد، چاره دارد، با ناراحتی که نمیشود آن را جبران کرد،

گل بهار اشک می ریخت، هق هق میکرد، چیزی میگفت ولی واضح نبود، چقدر نصیحتش کردم، چقدر سفارش کردم، درست را بخوان گوش نداد، چقدر منت پدرش را کشیدم که مازیار را به سرکار نبرد تا او درس بخواند، چقدر از... گل بهار صدایش در نمی آمد صغرای خانم دلداریش میداد. از حال رفته بود، مریضی و فشار

روحی او را از پا انداخته بود، صغری خانم برایش آب قندی آورد تا به حال بیاید ولی زیاد تأثیر نداشت.

بعدازظهر هم حال گل بهارخوب نبود، مردودی مازیار ضربه سنگین به روح وجسمش وارد کرده بود، انگار تمام توان خود را از دست داده بود، گل بهار با خود زمزمه میکرد، آه میکشید، شاید زیر لب نفرین میکرد،

گل بهار هیچ وقت نفرین نکرده بود، شکوه نکرده بود، همیشه به خود میگفت خودم خواستم، خودم به اصغر دل بستم، خودم خواستم به خاطر بچه هایم این زندگی را تحمل کنم، ولی توانش بریده بود، زندگی برایش بی معنی شده بود امیدش به ناامیدی، رنگ باخته بود، و دیگر وجود نداشت، اصغر اصلاً به او توجه نمیکرد، از وقتی به یاد داشت سختی و فحش وکتک بغض راه نفسش راگرفته بود یادش می آمد، تنها امیدش درس خواندن مازیار بود. فکر میکرد مازیار درس می خواند باعث سربلندیش می شود، تمام درد هایش را درمان میکند، فکر میکرد مازیار بزرگ میشود، درس میخواند، درد و رنجش را می فهمد ، جبران نامرادی های زندگیش را میکند،

دیگر برای گل بهار مبارزه با سل بی معنا شده بود دیگر علاقه ای به زندگی نداشت،

از خدا میخواست که او را از شر این زندگی دردآلود، و بی احساس راحتش کند، سرفه های گل بهار زیاد شده بود، چشم به در دوخته بود،

اکبر کنارش گریه می کرد، اشکش با دماغش مخلوط شده بود ولی گل بهار دیگر توان و حوصله رسیدگی به او را نداشت

اصغر آخر شب به خانه آمد، چیزی نگفت: یک راست به آشپزخانه رفت سماور را خودش روشن کرد، از وقتی که فهمیده بود گل بهار دیگر حال روز خوشی ندارد و نمیتواند چای را حاضر داشته باشد، به اجبار خودش کارهایش را میرسید، غرغر میکرد ولی دیگر اثری نداشت، گل بهار توان حرکت هم نداشت دیگر فرقی هم نمیکرد. به سر و صدای اصغر اصلاً اهمیتی نمی داد،

اصغر چند بار مازیار را صدا زد، ولی جوابی نشنید بعد هم فکر کرد مازیار از ترسش خودش را در اتاق دیگر مخفی کرده جواب نمی دهد، از همان آشپزخانه، کمربند چرمی اش را درآورده بود، تا به مازیار بفهماند که چرا نان نگرفته است، ولی هر چه گشت پیدایش نکرد. بعد هم فحش و ناسزایش را به گل بهار داد، مازیار سه روز را به خانه نیامد، وقتی هم برگشت اصغر خانه نبود، گل بهار چشم به در دوخته بود، انگار منتظر آمدن مازیار بود، گل بهار خواست، چیزی بگوید، ولی توانی نداشت. خواست سرزنشش کند، نای حرف زدن نداشت، با صدای لرزانش گفت: آمدی مازیار؟ نگرانت بودم .

گل بهار گفت: آینده ات تباه میشود و خدا عاقبتت را به خیر کند، بغض گلوی گل بهار را فشرد، اشک از گونه هایش جاری شد، هق هق نفسهایش، درماندگیش را نشان میداد،

پیش خود فکر میکرد، چقدر از وجودش مایع گذاشته بود، چقدر برای آینده مازیار، فحش و کتک های اصغر را تحمل کرده بود، تمام وجودش را برای آینده مازیار هزینه کرده بود، با حال ناخوشش، زمستانها کار میکرد تا بتواند برای مازیار و اکبر

۳۱

لباس و غذایی محیا کند، چقدر دوست داشت لااقل وقتی توان کار نداشت مازیار
دستش را میگرفت

فصل ٤

اصغر که تمام کینه برادران گل بهار را سر گل بهار خالی میکرد، اصلاً توجه ای به گذشت و فداکاری گل بهار نداشت. فراموشش شده بود که این گل بهار بود که تمام امکانات و راحتی خانه پدرش را به خاطر او ترک کرده است، و دم نمیزد، گل بهار میدانست اصغر تمام عشق و علاقه گذشته اش را فراموش کرده است. گل بهار بچه هایش را دوست داشت، نگران آینده آنها بود. بیماری توان گل بهار را گرفته بود، تنها چند ماه دیگر توانست درد و رنج زندگی را تحمل کند، در سپیده دم یکی از روزهای پائیزی، زندگی دردآلود خود را با اندوهی در دل ترک گفت و احساس مادرانه اش را به دیار باقی برد و سختی های زندگی را با راحتی مرگ به جان خرید،

گل بهار بعد از ۱۲ سال زندگی سخت، بر اثر سختی زندگی و بیماری درگذشت بعد از مرگ گل بهار و مراسم خاکسپاری او، خانه اصغر از جنب جوش افتاده بود .

اکبر دائماً سراغ مادرش را می گرفت و گریه میکرد، مازیار در گوشه اتاق سوت و کور، زانوی غم بغل میکرد و به فکر فرو میرفت، اصغر اصلاً حوصله زق زق گریه اکبر را نداشت، زندگی که با عشق آن را شروع کرده بود، و به دست خود آن را بسوی تلخی نابودی پیش برد روی زشتش را به او نشان داده بود،

حوصله کسی را نداشت، برای فرار از فشار روحی و عذاب وجدانش بی رمق سرکار میرفت در دامداری با کسی حرف نمیزد،

هنوز چند ماه از مرگ گل بهار نگذشته بود که اصغر از نگهداری اکبر و مازیار درمانده بود، بخصوص که اکبر بچه ای بیش نبود و دائماً گریه میکرد، جایش را کثیف میکرد اصغر بکلی از رسیدگی کار آنها و خانه ،مانده بود .

مازیار هم لجباز شده بود، زیاد به اصغر گوش نمیداد، از خانه در میرفت اصغر تازه داشت می فهمید که گل بهار با چه زحمتی روبرو بود، چه مشقتی میکشید، دیر فهمیده بود،

اصغر مجبور شده بود هم کارهای خانه را برسد و هم در دامداری کار کند تا از زندگی بکلی نیفتد، روزهای دشواری را پیشرو داشت،

مجبور شد که از همسایه اش مش غلام کمک بخواهد، اوایل غیرتش اجازه نمیداد، ولی از پا افتاده بود، با سر افکندگی، از همسایه اش خواهش می کرد که اکبر را روزها در خانه خود نگهداری کنند، تا او بتواند، بیشتر به زندگیش سرو سامان دهد. مش غلام و ننه سکینه قبول کردند که هر وقت در خانه نیست اکبر را به خانه شان بیاورد تا با نوه شان اسماعیل که هم سن و سال اکبر بود بازی کنند و هم کمتر سراغ مادرش را بگیرد. آقا رحیم و صغری خانم همسایه دیگرش هم گاهی وقت ها برای کمک و قولی که قبل مرگ گل بهار به او داده بودند اکبر را به خانه می بردند،

بعد از حل شدن گرفتاری اکبر، اصغر مازیار را به دامداری کنار خود میبرد تا کمک دستش باشد، و هم جلو چشمش باشد. و هم بتواند بیشتر مواظبش باشد.

دوستان و همکلاسی های مازیار از جمله دوستش هوشنگ در ده دیگر به مدرسه راهنمائی می رفتند، آنها همگی به کلاس بالاتر رفته بودند، الی مازیار که همراه پدرش در دامداری مشغول کار شده بود،

اکثر اوقات مازیار نزدیک گاو سیاه دوست داشتنیش می ایستاد و علوفه خوردنش را تماشا میکرد، از تماشا کردنش لذت میبرد،

در دل احساس عجیبی به گاو سیاه پیدا کرده بود، از هر کس دیگری این گاو سیاه را بیشتر دوست داشت،

روزها، آب و علوفه زیادی مقابل گاو سیاه بزرگ میگذاشت، از پدرش اصغر شنیده بود که این گاو سیاه به تنهایی یک خرس را از پا در می آورد، چند تا آدم بزرگ هم نمیتوانند، او را کنترل کنند، زورش به همه میرسد. مازیار از شنیدن قدرت زیاد این گاو سیاه خوشش می آمد، چند تا آدم بزرگ را حریف بود،

مازیار گاو نر بزرگ را از پدرش بیشتر دوست داشت، چون گاو نر سیاه با آن همه زور و قوت زیاد کاری به مازیار نداشت و هرگز به مازیار حمله نکرده بود، و او را زیر دست و پا نمی گرفت شاخ نمی زد .

دوست داشت مثل گاو نر سیاه، قوی و پرزور شود، مازیار پیش خود خیال میکرد، اگر مثل گاو سیاه قوی شود، دیگران خودشان از او می ترسند و لازم نیست دیگر آنها را بزنند، کار در گاو داری را فقط به خاطر دیدن گاو سیاه بزرگ دوست داشت. از دیدن پدرش بیزار بود، دوست داشت قوی شود، و تمام کتک های بی دلیلی که به او و مادرش زده بود جبران کند، مازیار همیشه در فکر زورمندی و مقایسه خودش با گاو بود. گاهی وقتها هم به سر خاک مادرش میرفت و آنجا مینشست وقتی به یاد

حرفهای مادرش می افتاد، گریه میکرد، دلش برای مادرش تنگ شده بود، میدانست دیگر نمیتواند او را ببیند، از این که درس نخوانده بود و مردود شده بود، پشیمان بود، فکر میکرد اگر به حرف مادرش گوش میداد و درسش را میخواند و قبول میشد، مادرش زنده میمانند،

مازیار همیشه از باغچه حیاطشان گل رز سفید میچید، همان گلی را که مادرش کاشته بود و دوست داشت، روی مزار مادر میگذاشت، وقتی خانه بود مازیار روی ایوان مینشست و به مادرش که مشغول آب دادن گلها بود، نگاه میکرد، حالا هم پس از مرگ مادرش وقتی دلش هوایش را میکرد، قاب عکس مادرش را میگرفت و روی ایوان به گلهای باغچه نگاه میکرد، به یاد مادرش می افتاد، گریه می کرد،

روزها و ماه ها به همین نحوه ادامه داشت، اصغر و مازیار با هم در گاوداری کار میکردند، اکبر هم شبها در کنار آنها بود، روزها خانه یکی از همسایگان .

بعد از گذشت دو سال اکبر هفت سالش شده بود،اصغر او را به مدرسه فرستاد. مازیار هم روز به روز بزرگتر و قویتر میشد، کار در گاو داری، جسه اش را قوی و درشت کرده بود، یک سر و گردن از هم سن و سالهای خودش بزرگتر شده بود. پرخاشگر و بی ادب بود، اصلاً برایش فرق نداشت که چه می گوید، گاهی اوقات با بعضی از بچه های همسن و سال آبادی دعوا می افتاد، حسابی دماغشان را خونمالی میکرد، دیگر کسی جرأت سر به سر گذاشتن مازیار را نداشت .

چند بار هم به خاطر دعوا با بچه های آبادی، اصغر حسابی، تنبیه اش کرده بود تا یکی دو هفته جای کمربند روی تن مازیار کبود بود، مازیار به جای کبودی ها نگاه

میکرد، با خودش غرغر میکرد، با خودش میگفت تلافی همه کتک های خورده ام را در می ارم .

اکبر کلاس اول را قبول شده بود، صغری، خانم مثل مادر به او می رسید، همیشه می گفت: خدا بیامرزه گل بهارخانم را، زن خوب و مهربانی بود، هیچ وقت از نداری و سختی شکایت نکرد،

هر وقت او را می دیدی مهربانی از چشمانش برق میزد، سعی میکرد کسی به درد و رنجش پی نبرد، با سختی و نداری ساخت، کلفتی مردم را کرد تو برف و بارون رخت میشست، تا پیش کسی دستش را دراز نکند، صغری خانم همیشه بین جمع تو ده میگفت من از گل بهار خدا بیامرز جز خوبی و مهربانی خاطره ای ندارم، حالا هم میدانم اگر به بچه اش برسم روحش شاد میشود، آرام می گیرد، قبل از مرگش همیشه نگران بچه ها بوده من که کاری نمی کنم، زحمت های اون خدا آمرزیده را جبران میکنم .

فصل ۵

تابستان شده بود، مازیار اکثر اوقات کارهای سخت و مشکل انجام میداد تا زور بازویش زیاد شود، به تنهایی کیسه گندم را به دوش میگرفت، میخواست پایش مثل پای گاو سیاه درشت و قوی شود، به اصغر پدرش گفته بود، من میخواهم زیاد کارکنم تا گاو سیاه را برای خودم بخرم، تمام آدمهای که در گاوداری کار میکردند، میدانستند که مازیار چقدر گاو سیاه را دوست دارد. ولی بیشتر وقتها سر به سرش میگذاشتن و او را دست می انداختن، یکی از روزها اتفاقی که فکرش را نمی کرد، باعث تغییر مسیر زندگی مازیار شد،

کدخدا برای عروسی پسرش به گاو داری آمده بود. چشمش به گاو درشت سیاه افتاد، به صاحب دامداری علیمراد گفت: من همین گاو نر را میخواهم قیمتش را هر چه باشد میدهم، میخواهم بهترین گاو آبادی توی عروسی پسرم کشته شود،

علیمراد از کدخدا خواهش کرد که از بین گاوهای دامداری یکی دیگر را انتخاب کند، چون این گاو مورد علاقه مازیار پسر اصغر میباشد و او هم خواهان خریداری این گاو سیاه نر میباشد، علیمراد به کدخدا گفت: اگر اشکالی ندارد، از این گاو چشم پوشی کند،

کدخدا بی خبر از همه جا گفت: علیمراد همین گاو اگر پول بیشتری میخواهی دیگر چرا بهانه میگیری، من که به تو گفتم هر چه قیمتش باشد مسئله ای نیست، تازه من دلم نمی آید برای تنها پسرم گاو کوچکی را بکشم، باید همین گاو را به من بفروشی، هر چه پولش شود می دهم، علیمراد هم چاره ای نداشت کدخدا گاو سیاه

را قبول کرده بود، قرار شد غروب جمعه بیایند و گاو نر را برای کشتن جلوی پای عروس و داماد ببرند،

علیمراد صاحب دام داری، تمام موضوع را برای اصغر پدر مازیار تعریف کرد و گفت: کدخدا چند بار تقاضا کرد، من بخاطر پولش به او ندادم. فکر نکن نمیخواستم به مازیار بفروشم، کدخدا پا توی یک کفش کرده بود که جز این گاو، گاو دیگری را نمیخواهد. من به او گفتم که مازیار پسرت گاو سیاه را دوست دارد و میخواهد این گاو سیاه را بخرد، او هم فکر کرد برای بالا بردن قیمت این حرف را میزنم من هم برای اینکه خلاف حرفش را ثابت کنم به او فروختم، به مازیارت بگو، هر گاوی را که بخواهد، برای خودش بر دارد، پولش هیچ مسئله ای نیست،

اصغر تنها گفت: میدانم مازیار ناراحت میشود ولی شما صاحب اختیارید، مازیار غیر از گاو سیاه هیچ گاوی را دوست ندارد، علیمراد به اصغر گفت: کدخدا قرار گذاشت غروب جمعه بیایند و گاو را برای کشتن ببرند، اصغر آقا تو لطف کن مازیار را جمعه به دامداری نیاور، اصلاً خودت هم نیایی بهتره تا کارها تمام شود، اصغر قبول کرد .

مازیار خبر عروسی پسر کدخدا را شنیده بود، همچنین شنیده بود میخواهند یک گاو از گاو داری ببرند ولی فکرش را نمیکرد که کدخدا گاو سیاه دوست داشتنی او را خریده باشد، کسی هم چیزی به او نگفت! معمولاً تمام هفته اصغر در دامداری کار میکرد، روزهای هفته فرقی نداشت، تمام روزهای هفته را، اصغر شب پنجشنبه به مازیار گفت: فردا را به سرکار نمی رویم، خانه می مانیم، مازیار چیزی نگفت: چند سال گذشته را بدون وقفه به دامداری میرفت پس از مرگ گل بهار اصغر اصلاً نمیتوانست در خانه باشد، خودش را به هر نحوی مشغول کار در دام داری میکرد،

تازه داشت، وضعش روبراه میشد، تنهایی و بی کسی او را سرعقل آورده بود، با این که مازیار زیاد از او دل خوش نبود ولی با بودن مازیار و اکبر کمی از تنهایی در می آمد. کمی بیشتر به آنها توجه میکرد، اخلاقش تغییر کرده بود. چوب بی صدای خدا پس کله اش خورده بود .

جمعه مازیار و اصغر به گاوداری نرفتند، در خانه ماندند، مازیار و اکبر بعد از سالها یک روز را با هم بودند، پس از مرگ مادرشان هیچ وقت فرصت این چنینی برای آنها پیش نیامده بود. با هم بازی می کردند، می خندیدند، از سر وکول هم بالا میرفتند، در و پنجره اتاق ها باز بود، صدای شادی و شور آنها در اتاق پیچ میخورد، اصغر کنار سماور چای نشسته بود، قلیان می کشید، صدای مازیار و اکبر را که داشتند بازی میکردند میشنید .

به فکر فرو رفته بود، چقدر جای گل بهار را خالی میدید، به یاد آن روزهای که در خانه مشهدی حسن چوپانی میکرد افتاده بود، افسوس میخورد خودش با دست خودش زندگیش را تباه کرده بود، به یادش می آورد، که چگونه به گل بهار دل بسته بود، چقدر آن اولین سال زندگی مشترکشان در آن آبادی، پرخاطره دوست داشتنی بود .

اصغرهر چه به عقب بر میگشت حسرتش بیشتر میشد به روزهایی که برای دیدن یک لحظه ای گل بهار پشت پنجره دلش پر می کشید، از دیدن چهره زیبا و سلام گرم گل بهار که وجودش را می لرزاند فکر می کرد. تنها نشسته بود به یاد حرفهای گل بهار میا فتاد،که هنگام بیرون رفتن به او می گفت : مواظب خودت باش . چقدر به گل بهار بد کرده بود، اصغر بغض گلویش را فشار میداد، اشک توی چشمش

جمع شده بود، چقدر این چند سال زندگی به گل بهار بد کرده بود، قدر آن همه خوبی و صفای دل گل بهار را ندانسته بود، با دست خودش گل زندگیش را پرپر کرده بود اصغر داشت گریه میکرد، دلش بدجوری گرفته بود، دلش برای تمام خوبی های گل بهار تنگ شده بود. تمام خوبیهای گل بهار بیادش آمده بود تمام فداکاریه ایش که بدون هیچ حرفی خانواده خود را برای او رها کرده بود .

اصغر بود که داشت به زشتی های کردارش فکر میکرد چقدر بخاطر بیکاری و بی پولی گل بهار را بی جهت زده بود چقدر او را زجر داده بود، حتی یک بار هم او را برای معالجه به شهر نبرده بود، میتوانست، او را درمان کند، خودش را سرزنش میکرد، دستهایش را روی زانویش گذاشته بود سرش را روی آن بین زانویش پنهان کرده بود تا مازیار و اکبر هق هق گریه هایش را نبینند. تازه فهمیده بود چقدر زندگی را برای گل بهار سخت گرفته بود، چقدر اشتباه کرده بود، میدانست که گل بهار بخاطر سختی زندگی وکلفتی کارهای زیاد در سرمای زمستان و بی توجهی او مریض شد بود. می دانست گل بهار فقط به خاطر مازیار و اکبر رنج های زندگیش را تحمل می کرد و درد مشکلات زندگیش را به جان خریده بود و با همه سختی ها درکنار او ماند و تا لحظه آخر هم حاضر نشد از خانه اش برود.گل بهار خودش را فدای بچه هایش کرده بود .

اصغر تازه فهمیده بود،جای خالی گل بهار را حس می کرد پشیمان بود، اشک می ریخت ولی کاری از دستش ساخته نبود. گل بهاری نبود تا گذشته را جبران کند، دیر بیادش آمده بود. دود قلیان را با چنان حرصی وارد ریه اش میکرد، که سرفه اش گرفته بود. روز جمعه هم به پایان رسید، صبح اصغر و مازیار به سرکار خود برگشتن.

مازیار طبق عادت همیشگی اولین جایی را که سر میزد، آغل گاو سیاه بود، طبق معمول رفت تا گاو دوستداشتنی اش را ببیند و آب و علوفه اش را بدهد. در آغل را باز کرد، اثری از گاو سیاه ندید، فکر کرد شاید قبل از او یکی از کارگران گاوداری مثل روزهای گذشته زودتر آمده و گاو سیاه را برده توی مزرعه بسته است، یکراست رفت پشت آغل داخل مزرعه همان جایی که گاو سیاهش را میبست ولی آنجا هم ندیدش، تمام گوشه کنار مزرعه و گاوداری را چرخید، گاو به اون بزرگی را پیدا نمیکرد، به آغل گاوهای شیری رفت تمام گاوها را یکی یکی نگاه کرد ممکن نبود کسی اشتباهی گاو سیاه را پیش گاوهای شیری آورده باشد، مثل دیوانه ها شده بود چند بار تمام گاوداری را گشت، بین گوساله های پرورش هم نبود، اگر بود میدید، حتی چند بار بین ۱۰ رأس گاو نر بزرگی که در آغل بودن را گشت آنجا هم نبود، به راحتی میتوانست از رنگش متوجه شود تازه گاو سیاه بزرگتر و قویتر بود، بین این گاوها هم معلوم بود،

با ناراحتی و داد و بیداد سراغ گاو سیاه را میگرفت، به هر کسی که میرسید، میگفت: گاو سیاه کجاست، گاو من کجاست، کارگرهای گاوداری از ترس اخلاقش چیزی نمیگفتن، نگران عکس العمل مازیار بودند، تا به مازیار بگویند، اگر مازیار خلبازی در بیاورد و به خاطر گاو بلائی سر خودش در بیاورد،

اصغر ایستاده بود و حرکات دیوانه وار مازیار را نگاه میکرد، چند بار با فریاد به او توپیده بود ولی مازیار اصلاً گوشش به داد و فریاد پدرش بدهکار نبود، ناراحت و عصبانی تر از آن بود که به داد و هوار و تهدید اصغر اهمیت دهد، بعد هم اصغر خودش با صدای بلند گفت: چیه گاو را فروختند، داد و قال ندارد، یک گاو نر دیگر را

بخر قطعی که نیامده، مازیار وقتی شنید داشت سکته میکرد، به زمان و زمین فحش میداد بالا و پائین میپرید و گریه میکرد، کف زمین قلت میخورد و ناله میکرد. بعد هم که کمی آرام گرفت پرسید، چه کسی گاو را خریده به او گفتن کدخدا برای عروسی پسرش آن را خریده و دیروز آن را کشت با عجله به طرف خانه کدخدا دوید، توی کوچه روبروی خانه کدخدا خون زیادی روی زمین ریخته شده بود، در خانه را زد، نوکر خانه کدخدا در را باز کرد، مازیار با گریه گفت: گاوم، گاوم اینجاست؟

بعد هم سریع وارد حیاط شد، چشمش به پوست سیاه آویزان روی درخت خورد، کله گاو سیاه هنوز داخل تشت افتاده بود، نزدیک کله بی جان گاو سیاه رفت دستی به پوستش کشید کدخدا خانه نبود.کامران برادرزاده کدخدا و پری دختر یکی یک دانه کدخدا از بالای ایوان مات و مبهوت داشتن به مازیار نگاه می کرد مازیار توجه ای به آنها نکرد بعد هم مثل دیوانه ها فریاد کشید، می کشم، تمام گاو و گوسفندهای شما را می کشم، کله گاو سیاه را برداشت و با گریه از آنجا خارج شد، یکراست برگشت به خانه، رفت توی انبار همان جائی که همیشه از ترس کتک های اصغر پنهان میشد، کله گاو را در بغل گرفته بود، چشم گاو هنوز باز بود انگار داشت به مازیار نگاه میکرد، مازیار با یک دستش شاخ گاو را داشت و با دست دیگرش کله گاو دوستداشتنیش را نوازش میکرد، خیلی گاو سیاه را دوست داشت، همیشه زور خودش را با گاو سیاه مقایسه میکرد، میخواست مثل گاو سیاه قوی و شجاع شود، از این که نتوانسته بود کاری برای نجات جان گاو سیاه انجام دهد، عصبانی بود از این که کسی به او نگفت، عصبانی بود، از دست پدرش اصغر بیشتر از همه عصبانی بود، با گریه به همه فحش میداد، حتی به صاحب دامداری که میدانست چقدر گاو سیاه

را دوست داشت ولی به کدخدا فروختش، دلش میخواست برگردد و دامداری را به آتش بکشد میخواست برگردد انتقام کشتن گاو سیاه را از کدخدا بگیرد،

پیش خودش گفت: حیف هنوز زور آدم بزرگها را ندارم وگرنه حسابی میزدمشون. مازیار توی دلش تنفر بیشتری از اصغر پیدا کرده بود، از همه بدش می آمد، از همه متنفر شده بود، پیش خودش میگفت: دیگر اینجا نمی مونم میروم توی جنگل، یک روزی بر میگردم و انتقام گاو خودمو میگیرم، تمام آدمهای عوضی این ده را حسابی ادب میکنم، تا دیگر دلشان نیاید گاو منو بکشن. نفهمید کی خوابش برده بود وقتی چشم باز کرد از بعدازظهر هم گذشته بود تصمیمش را گرفت، کیسه ای برداشت آنچه فکر میکرد برای بودن در اعماق جنگل نیاز دارد برداشت .

تبر، طناب، کتری، دیگ کوچک، کارد، چند بسته کبریت و مقداری چیزهای ضروری دیگر و یک پتوی کهنه، منتظر تاریک شدن کامل هوا بود تا بتواند به طرف جنگل فرار کند .کسی متوجه فرار او به سمت جنگل نشود.

فصل ٦

کله گاو را به تیرک انباری بست ، کمی با حسرت نگاهش کرد، دلش برای گاو سیاه تنگ میشد، دوست داشت کله را با خودش ببرد ولی خیلی بزرگ بود، کیسه وسایلش را زیادی سنگین میکرد، ممکن بود دچار مشکل شود، برای همین هم به تیرک انبار بستش چند بار هم از روی دلسوزی نوازشش کرد، هوا تاریک شده بود، از ده فرار کرد. نیمه شب به اول جنگل رسید، از تاریکی و صدای زوزه شغال ها ترس ورش داشت، میلرزید، دور و برش در تاریکی مطلق فرو رفته بود، جز سیاهی بیشه و درخت چیزی نبود، تنها چیزی که او را سرپا نگاه داشته بود کینه و جدیتی که برای رفتن به جنگل داشت مانع، برای گشتن او شد .

این راهی بود که خودش مدتها پیش تصمیم گرفته بود و برای خود انتخاب کرده بود که از دست رفتار بد اصغر میخواست به آنجا بگریزد، حالا هم اول راهی بود که انتخاب کرده بود، چاره ای جز استقامت نداشت، برای اینکه حیوان درنده ای ناکارش نکند، از درخت بلندی بالا رفت، شب را لای شاخه های بلند درخت به صبح رساند، از ترس و دلهره تا صبح خواب به چشمش نیامده بود، همان جا منتظر شد تا روز روشن شد و خورشید صبحگاهی در افق بالا آمد. احساس عجیبی پیدا کرده بود، انگار یک شبه بزرگ شده بود، دیگر آن احساس تنفر و کینه از اصغر و اهالی ده را در خود حس نمیکرد، خودش را آزاد میدید. به آرزوی همیشگی اش رسیده بود، رفتن به جنگل و زندگی بدون ترس و دلهره و فحش وکتک در تنهایی از درخت پایین آمد ، مردد ایستاده بود، توی فکرش میگذشت، چکار کند، آن چیزهای که راجع به جنگل و جن شنیده بود، او را وحشت زده کردند، نکند راست

باشد، نکند منو بگیرند و... به خودش نهیب زد، به خودش میگفت: من مثل گاو سیاهم قوی و پر زور شدم، نمیترسم، از توی کیسه اش تبر را درآورد به دستش گرفت. شجاعتش بیشتر شده بود، با اطمینان به تبر در دستش شجاع شده بود. به داخل جنگل به راه افتاد، خورشید را در روبروی خودش میدید آنقدر راه رفت که از چند تپه وکوه پر از درخت گذشت. خسته شده بود، احساس کرد دیگر کسی نمیتواند او را پیدا کند، ایستاد، کیسه اش را روی زمین گذاشت، دور و برش را نگاه کرد، جز درخت چیزی دیده نمیشد، از داخل کیسه کمی نان خشک شده در آورد، به دندان گرفت، بعد از کمی استراحت دوباره به راه افتاد، زمانی ایستاد که خورشید داشت غروب میکرد، دیگر خیلی از روستا دور شده بود، مطمئن بود هیچ کسی نمیتوانست او را در این عمق جنگل پیدا کند، دور و برش را نگاه کرد، داشت دنبال درخت تنومند و پرشاخ و برگ میگشت، زیاد طول نکشید، آن را یافت، هوا داشت تاریک میشد، وقت نداشت بیشتر پای درخت بایستد، صدای زوزه گرگها به گوشش می رسید ممکن بود گرگی، یا پلنگی به او حمله کند، سریع از درخت بالا رفت، درخت خوبی را انتخاب کرده بود، بین شاخه های تنومند درخت میتوانست به آسانی پناهگاهی برای خودش بسازد، موقتاً باید شب را سر میکرد، خودش را به روی شاخه تنومند بست پتوی کهنه را روی سرش کشید، تبر را به تنه درخت کوبید، نفهمید کی خوابش برد،

فصل ۷

اصغر تمام روستا را زیر پا گذاشته بود به دنبال مازیار میگشت، فکر کرده بود مازیار بعد از دانستن آن ماجرا و شنیدن خبرکشتن گاو سیاه به خانه رفته است، چون به دامداری برنگشته بود، اصغر هم زیاد اهمیت نداد، فکر کرد مازیار بچه است ناراحت شده بعد از ساعتی دوباره آرام میشود، وقتی به خانه برگشت هوا تاریک بود، کسی خانه نبود، اکبر هم بر نگشته بود، به خانه مش رحیم رفت سراغ مازیار را از آنها گرفت، اکبر آنجا بود ولی مازیار را اصلاً ندیده بودند، مش رحیم هم برای پیدا کردن مازیار با اصغر راهی شد، دوتایی از خانه مش رحیم بیرون آمدند، به دامداری برگشتن، به همراه شعبون نگهبان دامداری به آقل گاو سیاه رفتند، به دقت آنجا را گشتن اثری از مازیار نبود .

شعبون گفت: من قبلاً مازیار را چند بار روی مزار مادرش دیده ام ممکن است آنجا باشد .

مش رحیم و اصغر بلافاصله به طرف قبرستان به راه افتادند، آنجا هم نبود. ترس و دلهره تمام وجود اصغر را فرا گرفته بود، حتی از فکر به این که ممکن است مازیار بلائی به سر خود آورده باشد، برایش وحشت داشت. در فکرش بلوایی بپا شده بود، هیچ وقت فکرش را هم نمیکرد ممکن است مازیار را از دست بدهد، هیچوقت به مازیار توجه نکرده بود، میدانست مازیار دل خوشی از او ندارد، ولی فکر نمیکرد مازیار آنقدر بی کله شده باشد که دست به کاری احمقانه بزند، تا نزدیکی های خروس خوان سحر دنبال مازیار تمام گوشه کنار آبادی را گشتند. خسته و کوفته به خانه برگشتن، مش رحیم اصغر را دلداری میداد که فردا پیدایش میشود .

میگفت ممکن است جای مخفی برای خودش دارد گرسنه و تشنه اش شد بر

میگردد نگران نباش، اصغر اما دلش گواهی چیز دیگری می داد.

فصل ۸

مازیار با صدای آواز پرندگان بیدار شد. پتوی کهنه را از روی سرش کنار زد، جنگل در مه صبحگاهی برایش تماشایی بود، دیگر احساس ترس و دلهره شب اول را نداشت، ترس تنهایی و وحشت از حیوانات را احساس نمیکرد، به اطرافش نگاه میکرد، از بالای درخت جای خودش را مطمئن و مستحکم تشخیص داد .

تصمیم گرفت روی همین درخت برای خودش پناهگاهی از شاخه های درختان بسازد، بعد از کمی کنجکاوی و نگاه کردن به اطراف به مکانش اطمینان پیدا کرد صدای غار و غور شکمش او را به یاد گرسنگی انداخته بود شب قبل فرصت خوردن غذایی پیدا نکرده بود. مازیار احساس گرسنگی زیادی داشت کمی نان خشکیده داخل کیسه اش داشت آن را برداشت و با اشتهای تمام به دندان گرفت هر چه بود بنظرش خوب می آمد .

مه صبحگاهی داشت از جنگل بیرون میرفت، روشنایی خورشید در پهنه جنگل می نشست، خودش را از بند دور کمرش خلاص کرد از بالای درخت پائین آمد. محض احتیاط تبر را در دست گرفته بود پائین درخت زیاد احساس امنیت نمیکرد هنوز از زمین کف پایش مطمئن نبود که خطرناک است یا نیست. زیاد جرأت نکرد از درختش دور شود، با دلهره و ترس چند درختی از درختش دور شد ولی هر قدم دوباره به درختش نگاه میکرد.کمی هیزم جمع کرد .

با تمام وجودش گوش و چشم شده بود که اگر احساس خطر کرد سریعاً برگردد بالای درخت، کم کم پهنه جنگل هم برای مازیار داشت عادی میشد. خبری از حیوانات درنده و جن و پلنگ نبود ولی هنوز مازیار میترسید بعد از اندکی گشتن در

اطراف پای درخت آتشی روشن کرد.برای احتیاط دوباره به بالای درختش برگشت. میدانست اولین چیزی که به آن نیاز دارد آب است، اما از بابت آن زیاد نگران نبود، بین راه که می آمد، انقدر میوه جنگلی دیده بود که می دانست از تشنگی و بی غذایی نمی میرد .

در نزدیکی خودش هم چند درخت میوه جنگلی را دیده بود. ولی هنوز جرأت رفتن به نزدیک آن درختان را پیدا نکرده بود، چون دور و بر درختان میوه سایه بود و نیز شاخه هایشان تا سطح زمین رسیده بود و زیرشان دیده نمیشد. می ترسید شاید حیوانی زیرشان مخفی شده باشد .

مازیار تا بعد از ظهر روی درخت مشغول ساختن پناهگاهی برای خودش بود، در اطراف چیزی که فراوان بود شاخه و تنه درخت، مازیار هم خوب میدانست چگونه از آنها برای خودش کلبه ای روی درخت بسازد. کلبه اش نسبتاً داشت تمام میشد، از این که می دید به تنهایی توانست مخفیگاهی روی درخت بسازد، خوشحال بود. از درخت به آسانی پائین آمد، تبر به دست دوباره در اطراف به راه افتاد، مقداری تمشک و انجیر وحشی چید و خورد بعد هم برای اطمینان از گم نشدن در مسیر شاخه ای را علامت می گذاشت، بعد از مدتی راه رفتن درآن مسیر نتوانسته بود به مقصودش یعنی چشمه آبی دست پیدا کند ولی نا امید نشده بود، چندین درخت میوه وحشی و نیز پرندگان زیادی را دیده بود که میتوانست آنها را شکار کند ولی وقت زیادی نداشت صدای زوزه گرگها بلند شده بود، مازیار از شنیدن زوزه گرگها دچار دلهره و ترس شده بود، از آنجا که هوا هنوز روشن بود و جنگل تاریک نشده بود با عجله به طرف پناه گاهش برگشت، پای درختش مقداری چوب خشک و شاخ و

برگ از صبح جمع کرد بود روی ذغال آتش قبلی گذاشت وکمی آن را فوت کرد بعد از کمی دود ، آتش روشن شد تا شب اگر خواست کنارش بنشیند، هوای جنگل داشت تاریک میشد. مازیار آتشی را بر افروخت بود در کنارش ایستاد، همینَ که صدای زوزه چند گرگ را در آن نزدیکی شنید از ترس خودش را سریع به بالای درخت رساند و از خیر ایستادن در کنار آتش گذشت. شب جنگل پر بود از صداهای گوناگون زوزه گرگ، شغال، صدای جغد، حتی مازیار صدای پای حیوانات ناشناس را از نزدیکی خودش می شنید که از روی برگها و شاخه ای افتاده می گذشتند آنی نزدیک میشد که مازیار احساس می کرد ممکن است جنی باشد که قصد آزار او را دارد ولی بعد از اندکی صدای خش خش برگها و شاخه ها قطع میشد و دوباره مازیار آرام میگرفت. شب جنگل برای مازیار وحشت آفرین بود با تمام این اوصاف مازیار راضی بود از این که دیگر از دست پدرش کتک نمیخورد و همچنین دیگر اهالی بدجنس ده شان را نمی دید، اما فکرش را میکرد که در ده چه خبر است، پدرش بعد از فرار او چکار میکند و یا اهالی ده پشت سرش باز چه حرف هایی میزنند. با همین افکار احساس خستگی و خواب بر مازیار چیره شد و با امید به صبح بهتر به زیر پتوی کهنه خود خزید و در هیاهوی زیبایی های جنگل درکلبه تازه ساختش به خواب رفت.

فصل ۹

بعد دو سه روز غیبت مازیار از ده شایعات مختلف و زیادی به گوش اصغر میرسید. یکی می گفت: ممکن است خودش را سر به نیست کرده باشد، دیگری میگفت: نه ممکن است به شهر رفته باشد تا در آنجا کار کند. دیگران هم احتمال میدادند که ممکن است به سراغ خانواده مادریش رفته باشد. تمام این حدس و گمان ها اصغر را بیشتر از پیش نگران میکرد، اصغر با بیم و امید روانه خانه مشهدی حسن شد، تا شاید مازیار را در آنجا بیابد. در بین راه اصغر به فکر گذشته و روزهای زندگی خودش در کنار مشهدی و خاطرات شیرین زندگی با گل بهار را به یاد می آورد و قطرات اشک از دیده اش جاری میشد و افسوس گذشته را میخورد. اصغر در این فکر بود که چگونه با مشهدی حسن روبرو شود چه بگوید ممکن بود مشهدی حسن او را نپذیرد، بعد از ساعتی اصغر به در خانه مشهدی رسید. اصغر با ترس و تردید در خانه را به صدا درآورد، بعد از اندکی صدای آشنایی مشهدی را شنید که از دور آمدن خود را به طرف در اعلام میکرد. اصغر نمی دانست با چه رویی و با چه زبانی با مشهدی روبرو و با او همکلام شود. دلش آرام و قرار نداشت و شرمنده تمام رفتارهای گذشته بود و یاد روزهای دور و بدیهایش حتی یک لحظه از نظرش دور نمیشد. کاش اصلاً نیامده بود یا کسی را می فرستاد اما دیگر کار از کار گذشته بود و چاره ای جز متوسل شدن به مشهدی حسن نداشت تنها جایی که امیدواری او را دو چندان میکرد خانه مشهدی بود و مازیار جایی غیر از اینجا را نداشت و بلد نبود. صدای باز شدن در تمام افکار اصغر را پاره کرد و روبه رویش پیرمردی را دید که از سختی های زندگی فرتوت و شکسته شده بود برای یک لحظه اصغر او را نشناخت

ولی وقتی خوب توی چهره اش نگاه کرد چشمان نافذ مشهدی و لبخند مهربانش به او آرامش بخشید .

مشهدی گفت: اصغر تو هستی و همین یک جمله بغض بی اختیار اصغر را ترکاند و خودش را در آغوش مشهدی رها کرد و سرش را روی شانه های افتاده مشهدی گذاشت و گریست و بغض چندین سالهاش را به یکباره رها کرد و مثل کودکی پشیمان در آغوش پدر هق هق اش شانه های پیرمرد را لرزاند و گفت: منو ببخش مشهدی حسن

مشهدی دست دور گردن اصغر حلقه کرد و صورت زمختش را بوسید و زیر شانه اش را گرفت و او را به داخل حیاط خانه برد. در اولین نگاه چشمش به پنجره اتاق گل بهار افتاد وآهی از افسوس وحسرت از تمام وجودش کشید

اصغر هر چه جلوتر میرفت چشم هایش را بیشتر می گرداند تا مازیار را گوش هایی پیدا کند اما هر چه بیشتر می گشت کمتر اثری از مازیار پیدا می کرد .

اصغر با هزار امید پا به خانه مشهدی حسن گذاشت، ولی میترسید، قدرت بیانش را از دست داده بود، اگر مازیار در خانه مشهدی نبود، چه خاکی بر سرش می کرد. نگرانی و تشویش از چهره اصغر نمایان بود،

مشهدی پرسید، اصغر بازم اتفاقی افتاده است که نگرانی، از دست من کاری بر میآید چه شده برای مازیار که اتفاقی نیفتاده؟ حالش که خوب است. اصغر چیز زیاد مهمی نیست، راستش مشهدی آمدم که سراغ مازیار را از تو بگیرم، تا چند روز پیش که حالش خوب بود، ولی چند روز است که از خانه فراری شده است. نمی دانم شاید هم بخاطر کشتن گاو مورد علاقه اش باش . بعد هم کل ماجرا را از سیر تا پیاز

برای مشهدی حسن گفت: که او این گاو را خیلی دوست داشت، حالا هم فکر کردم شاید آمده باشد پیش تو مشهدی!

مشهدی هم مازیار را ندیده بود، اصلاً مازیار به پیشش نیامده بود، سالها بود که او مازیار را ندیده بود.

مشهدی گفت: اصغر تو را به قرآن راستش را بو اگر مازیار هم... که اصغر حرفش را قطع کرد و گفت، مشهدی نه به قرآن گفتم که او فرار کرده است هر چند من خودم را در مرگ گل بهار مقصر می دانم و مرد خوبی برایش نبودم و همیشه خودم را به خاطر نا اهلی و کوتاهی در حق گل بهار سرزنش کردم و شرمنده تو بودم، ولی تا جای ممکن سعی کردم گذشته را برای مازیار و اکبر جبران کنم، حالا هم که میبینی اینجا آمدم با شرمساری و امید برای یافتن مازیار در کنارت به در خانه تو آمدم مشهدی، اگر زیر سنگ هم باشد من مازیار را پیدا میکنم، مشهدی تو مرا ببخش که همیشه تو را آزردم و باعث رنجش خاطرت شدم .

اصغر چند ساعتی را در کنار مشهدی بود و با او صحبت کرد و بعد از ساعتی به طرف روستایش براه افتاد و به مشهدی قول داد که مازیار را پیدا کند و خبرش را به او برساند، ولی اصغر فکرش را نمیکرد که مازیار در دل جنگل جایی را برای خودش مهیا کرده است و در همین لحظه فارغ از هر فکر و خیالی با رویاهایش سر میکند بعد از چند روز جستجو اصغر نا امید از یافتن مازیار به سرکار خود برگشت، و مازیار هم پیدا نشد.

فصل ۱۰

مازیار با خیالی راحت و فکری آسوده در اعماق جنگل شب و روز را با کنجکاوی و نقشه های گوناگون برای خود سر میکرد، آواز پرندگان زیبایی های صبح را نوید می داد، مازیار سرش را از زیر پتو بیرون آورد و نگاهی به اطراف خود انداخت، به یادش آمد درکجا بسر می برد تصمیم داشت که به جستجوی آب برود، مازیار چند روز گذشته را مشغول ساختن وتکمیل کلبه خود بود و کمتر وقت پیدا کرد بود درست وحسابی تمام اطراف را در جستجو آب برود .

هنوز مه از پهنه جنگل بیرون نرفته بود، مازیار درون کلبه خود نشسته بود و با کمی انجیر وحشی که روز گذشته، چیده بود رفع گرسنگی کرد. از بالای درخت تنومند عرصه جنگل به چشم مازیار زیبا و وسیع می آمد. به راحتی میتوانست تا دور اطراف کلبه را از بالا درخت ببیند ولی دید زیادی به لابلای درختان نداشت، از بالای درخت تنومندش توانسته بود در قسمتی از جنگل تپه های پوشیده از درختان را ببیند، بنظرش ممکن بود درآن قسمت چشمه آبی پیدا می کرد ولی فاصله اش با محل کلبه اش کمی دور بود .

مازیار شنیده بود که معمولاً چشمه های آب از پای کوهها و تپه ها جاری می شوند، پس بهتر دید که به آن قسمت جنگل برود و به دنبال چشمه آب باشد .

آفتاب تابان دیگر به بالای درختان جنگل آمده بود و طیف نور را از بین شاخسار درختان به صورت مازیار می نواخت، وقتش رسیده بود که مازیار به راه بیفتد، مازیار ظرفی برای آب و تبرش را برای بازکردن مسیر به دست گرفت و به سمتی که از بالای درخت نشان کرده بود به راه افتاد. پس از طی مسافتی به پای کوه و تپه پوشیده از درختان سبز رسیده به راحتی صدای ریزش آب را از بلندی می شنید. به

سمت صدا حرکت کرد، خیلی دور نبود، آبشاری زیبا و زلال از بالای کوه به پائین سرازیر بود مازیار در پای آبشار دست و روی به آب زد و کفی از آب چشمه را نوشید. بیادش نمی رسید که تاکنون آبی به گوارایی و خنکی این آب چشمه در جایی نوشیده باشد،

بعد از چند روز توانسته بود آب بدست آورد، دیگر خیالش از همه چیز راحت شده بود، دیگر برای آب نگرانی نداشت چون به چشمه زلال و گوارا رسیده بود .

مازیار ظرف همراه خود و کتری را از آب چشمه پر کرد و پس از شستشو خود در آب چشمه با خیال آسوده به طرف کلبه اش به راه افتاد. زیاد طول نکشید که به کلبه اش رسید انگار برایش راه برگشت کوتاه تر شده بود ولی هر چه بود مازیار بسیار خوشحال بود، دیگر میدانست که جنگل چقدر سخاوتمند است و او در جنگل از بی آبی و بی غذایی نخواهد مرد، روزها را در اطراف میگشت و شبها در پای درخت آتش روشن میکرد و خود بالای درخت به آن چشم میدوخت و بخواب میرفت .

روزها و شبها به همین منوال طی میشد، دو سه ماهی از آمدن مازیار به جنگل گذشته بود مازیار تمام اطراف خود را به خوبی میشناخت. در این مدت حتی یک بار هم با یک حیوان وحشی روبرو نشده بود. گاهی اوقات دلش میخواست لااقل یکی را از نزدیک می دید، ولی تا فکرش را میکرد می ترسید، پشیمان میشد. مازیار به کلی از گذشته خود دور شده بود، آرام شده بود، موهای سرش مثل شاخه های درختان داشت بلند میشد و به روی شانه هایش می رسید ، او به مانند طبیعت و

جنگل شکل می گرفت، مازیار هنوز به فکر آرزویش بود که قوی شود و انتقام گاو

سیاهش را از کدخدا و اهل آبادی بگیرد.

فصل ۱۱

اصغر گیج و منگ به طرف گاوداری به راه افتاده بود، مردم ده کم کم داشتن مازیار را فراموش می کردند. کسی دیگر از گذشته و مازیار از اصغر سوالی نمی پرسید و خاطراتش را مرور نمی کرد، فصل درس و سرما شروع شده بود، مردم ده کمتر از خانه هایشان بیرون می آمدند، هوا هم بارانی و کوچه ها پر از گل و لای بود، جای خشک و تمیز در کوچه ها برای جمع شدن پیرمردهای ده وجود نداشت، توی ده گاو و گوسفندی به چرا نمی رفت. مردم ده علوفه فصل سرما را برای گاو و گوسفندشان توی آقل ذخیره کرده بودند، تنها کار پائیز و زمستان مردم ده علوفه دادن، به گاو و گوسفندان توی آقل بود. پسرهای همسن و سال مازیار به مدرسه می رفتند، و گاه و بیگاه توی مدرسه حرفی از مازیار می زدند، هوشنگ، چنان با اطمینان میگفت که مازیار به جنگل رفته که دیگران فکر می کردند، لابد او همراه مازیار تا نزدیکی های جنگل رفته بود، ولی هوشنگ تنها از روی حرفهای خود مازیار که در راه مدرسه برایش میگفت اطمینان داشت . مازیار بارها به او گفته بود که یک روزی به جنگل فرار میکنم، تردید نداشت که مازیار بعد از چند سال حرفش را عملی کرده و به جنگل رفته ، جائی را که همیشه آرزویش را داشت.به جنگل فرار کرده و پنهان ازدید همه زندگی می کند. باور داشت خودش را سر به نیست نکرده، کسی به حرف های هوشنگ اهمیت نمی داد. وقتی هم برای مادر و پدرش گفته بود، آنها می گفتند. مازیار کوچکتر از آن است که شجاعت چنین کاری را داشته باشد. اگر توانسته باشد و زنده باشد، به شهر فرار کرده است و لابد ممکن است در شهر مشغول کاری شده باشد همه از زنده بودن مازیار با تردید حرف میزدند. اصغر

۵۸

هم برای اطمینان تمام جنگل های اطراف را به اتفاق چند نفر از اهالی ده به دنبال مازیارگشته بودند. به نظر اهالی ده امکان نداشت پسر تنهایی بتواند در این جنگلها دوام بیاورد اصغر از یافتن مازیار در جنگل نا امید شده بود. بعد از روزها با خستگی و نا امیدی و دست خالی به روستا برگشتند. جنگل آنقدر بزرگ و وحشی بود که آنها باور نمیکردند مازیار به جنگل فرار کرده باشد، همه میگفتند پسری به سن و سال مازیار جرأت وارد شدن به جنگل را نداشت. چه برسد بتواند در آن زنده بماند. با آن همه حیوان درنده اگر هم وارد جنگل میشد، زنده اش نمیگذاشتند. اصغر هر چه حرف های یأس آور همراهانش را شنیده بود بیشتر امیدش را برای پیدا کردن مازیار از دست میداد و به از دست دادن مازیار مطمئن تر میشد ولی باز زیر لب زمزمه می کرد، خدایا مازیار را از من نگیر، این ممکن نیست، او حتماً در جائی زنده است، بعد از برگشتن اصغر و همراهانش به ده دیگر اصغر دل و دماغ گذشته را نداشت، همه او را مثل پدری پسر مرده می دیدند که تنها و سرافکنده در راه دامداری در حرکت بود. گاهی هم همدردی برایش میکردند .

فصل ۱۲

با فرا رسیدن پائیز برگهای درختان جنگل زرد شدند. مازیار می دانست که باید برای زمستانش آذوقه و زغال تهیه کند، و نیز دستی به کلبه اش بزند، مازیار از ساله ای مدرسه راجع به زمستان و سرمای سوزان و باران فراوان چیزهایی میدانست،

برای همین هم مازیار به دقت کلبه اش را تعمیر و محکم کرد، به طوری که احساس کرد دیگر باد و بارون واردش نمی شوند .

قسمتی از کلبه را هم جائی برای کرسی زغالی درست کرد، مثل همان کرسی خانه شان که زمستان ها همراه مادر و پدر و اکبر دور کرسی می نشستند تا سردشان نشود، مازیار سعی کرد تا جای ممکن در ساختن مکان کرسی دقت کند، مقداری خاک و سنگ ریز و درشت را به کلبه آورد بعد هم آن را گرد دور هم گذاشت به اندازهای که کف کلبه نسوزد خاک داخل آن ریخت، میدانست که خاک مانع آتیش گرفتن چوب کف کلبه میشود .

یکی دو روز مشغول تعمیر و ساختن کرسی برای خودش بود، چند روز هم سرگرم تهیه زغال از چوب های پوسیده درختان و تنه های افتاده درختان جنگل بود، ذغال ها را نزدیک چشمه درست کرده بود که آنها را بشوید . مازیار به اندازه کافی ذغال درست کرده بود، همه ذغالها را توی آب چشمه می شست و در قسمتی آنها را خشک کرد و طی چند روز آنها را به نزدیکی کلبه آورد تا در زمستان سرد از آنها استفاده کند .

نزدیک کلبه اش یک انبار کوچک با شاخه های درختان ساخته بود که ذغال و آذوقه زمستانش را توی آن انبار کرده بود تا از بین نروند .

مازیار اطراف درخت را که بالایش را کلبه ساخته بود با پایه های چوبی حصاری کرده بود که در پائیز و زمستان از حمله حیوانات گرسنه در امان باشد .

مازیار بالای درخت کنار کلبه اش هم جائی برای نگهداری پرندگانی که طی روز با تله شکار میکرد درست کرده تا هم ذخیره غذائی داشته باشد و هم از دست مزاحم های احتمالی در امان باشد .

در پائیز ، جنگل سخاوت خودش را به مازیار نشان داد، اکثر درختان وحشی میوه داده بودند، فندق، خرمالوی وحشی، گردوی جنگلی، بلوط، خلاصه مازیار چیزی از لحاظ میوه کم کسر نداشت، تا جای ممکن روزها را مشغول جمع آوری میوه از درختان بود، به اندازه کافی، فندوق و گردو برای زمستان و خرمالو و بلوط پائیزی را جمع آوری کرده بود، روزها و شب ها مازیار در فکر سختی های اولین زمستان جنگل بود، چند وقتی بود که دیگر تله هایش به خوبی کار می کردند، بین روز با افزوختن آتش و سرخ کردن شکارش دلی از عزا در می آورد. روز و شب جنگل به خوشی برای مازیار طی میشد .

آرام آرام زمستان هم از راه رسید، باد و طوفان ،برف و باران سوز سرما را در جنگل پهن کرده بود گاهی غرش رعدی باعث دلهره مازیار میشد .

مازیار داخل کلبه جائی گرم و مطمئن برای خود داشت، دیگر برای غذا و آب دلهره نداشت هر دو را به اندازه کافی در اختیار داشت. اکثر اوقات ظرفی را که در کنار کلبه می گذاشت از آب باران پر بود احتیاجی نداشت برای آب به پای کوه برود، فقط روزی یکی دو نوبت به تله ها سری می زد و اگر چیزی به دام می افتاد آن را بر میداشت و زندگیش را به پیش می برد .

زمستان، سخت و طاقت فرسا به پیش می رفت اما مازیار در کوره سختی ها آبدیده تر می شد. گاهی اوقات از تنهایی حوصله اش به سر می آمد و به خاطرات مادرش و یاد پدرش و اکبر یا هوشنگ دوستش می افتاد وگاهی به اهالی ده فکر می کرد ولی اکثراً نفرت از کار کدخدا و اهالی ده و پدرش او را مصمم تر میکرد تا تنهایی و سختی جنگل را تحمل کند و یاد آنها را از ذهن خود بیرون میکرد، با کارد کوچکش چوب ها را می تراشید و خودش را سرگرم میکرد، پس از مدتی به فکر ساختن ابزار زندگی برای خودش افتاد و بیشتر وقتش را با ساختن کاسه و قاشق یا ظرف چوبی دیگر پر میکرد، به هر طریق زمستان هم می رفت که تمام شود. جنگل دوباره داشت بوی زندگی میگرفت، پرندگان بیشتری دیده می شدند، درختان به حرکت درآمده بودند، برف های پهنه جنگل آب شده بودند، گله ای وحشی از دل زمین بیرون آمده بودند و با شکوفه های زیبای خود به درختان خودنمایی میکردند. بوی عطر زندگی در تمام جنگل نشسته بود. بوی بنفشه های وحشی مشامش را حال آورده بودند .

پس از مدتی مازیار مطمئن شد که زمستان تمام شده است و بهار از راه رسیده است، و درختان و گلهای وحشی با شکوفه های خود آمدن بهار را نوید می دادند .

مازیار به تنهایی توانسته بود شش ماه طاقت فرسا پائیز و زمستان سخت را در جنگل پشت سر بگذارد، انگار چند سال از مردم و آبادی دور بود، مازیار پسری قوی و درشت اندام شده بود سختی زندگی او را ورزیده و قوی کرده بود، لباسش کهنه و پاره پوره شده بودند، دیگر به درد پوشیدن نمی خوردند، قدش هم نسبتاً بلندتر شده بود یا اینطور به نظرش می رسید، چون پیراهنش کوتاه شده بود .

با آمدن بهار مازیار در فکر رفع بعضی از کمبود هایش افتاد، باید بر می گشت به روستا اما مازیار دوست نداشت به روستا برود مگر برای انتقام و نمی خواست به این زودی دیده شود، وهم چاره ای جز نزدیک شدن به روستا را نداشت. باید از جنگل بیرون می آمد، فکر کرد می تواند، به روستای دیگری جز روستای خودش برود. برای همین منظور مقداری از آذقه و وسایل ضروری راه را برداشت و قصد حرکت به سمت روستایی را کرد. قبل از حرکت پای درخت ایستاد و تمام خاطرات خوش زندگی در آن مکان را در ذهن مرور کرد و برخلاف مسیر آمدنش به سمتی دیگر به راه افتاد.

مازیار زیر لب میگفت: دوباره بر میگردم، چند بار دیگر به پشت سر نگاه کرد تا دیگر نمای کلبه به چشمش نمی آمد.

مازیار پس از ساعت ها راهپیمایی به حاشیه جنگل رسید، از انبوه درختان جنگل هم کاسته شده بود، مازیار به آسانی آسمان روی جنگل را میدید، پس از طی مسافتی به زمین های حاشیه جنگل رسیده بود، از دور نمای روستایی به چشمش می خورد، ولی محض احتیاط از حاشیه جنگل بیرون نرفت، ماند تا کمی هوا تاریک شود. در همان نزدیکی درختی بلند و پرشاخه را انتخاب کرد و به بالای آن رفت. مازیار به آسانی میتوانست از بالای درخت کوچه های روستا را زیر نظر بگیرد و هم دیده نشود، درخت پر بود از شاخه های سبز و پوشیده وهم بالای آن جای استراحت خوبی گیر آورده بود. برای مازیار بالا و پائین کردن از درخت به آسانی بالا و پائین کردن از نردبان بود، مازیار پس از مطمئن شدن از جای خود به پائین درخت آمد و در اطراف حاشیه روستا به جستجو رفت، کمی دورتر از او چند کشاورز مشغول شخم

زدن زمین های کشاورزی بودند. مازیار تا نزدیکی های غروب آفتاب در اطراف صبر کرد، در گرگ و میش هوا که صدای زوزه شغالها و پارس سگهای روستا بلندشده بود.به طرف روستا به راه افتاد ولی جانب احتیاط را از دست نداد .

مازیار با احتیاط تمام وارد روستا شد و تا نیمه شب اکثر کوچه های روستا را گشت و راه های مرتبط با هم را یاد گرفت و مکان های را که باید در چند شب آینده به آنها وارد میشد شناسایی کرد. از شانس مازیار سگها روستا اکثراً در زنجیر و بند بسته شده بودند تا گم و گور نشوند و همین هم باعث راحتی خیال مازیار بود که سگی مزاحم کار او نمی شود.معمولاً سگهای حاشیه جنگل بخاطر تعقیب روباه و خوک در جنگل گم میشدند یا بر اثر حمله گرازها زخمی میشوند و از بین می رفتند، بخاطر همین موضوع اکثر روستاییان حاشیه جنگل هنگام شب سگهای نگهبان را میبستند و مازیار هم خوب این موضوع را میدانست. مازیار تمام خانه هایی را که میتوانست وسایل مورد نیازش را از داخل انبارهایشان تهیه کند انتخاب کرد، از همه مهمتر تهیه کمی قند وچای ونمک بود که مجبور بود کمی بیشتر بگردد. ولی مازیار تصمیم گرفت آخرین جائی که واردش می شود انبار کدخدا روستا باشد تا کسی به کم و کسر شدن وسایل شک نکند. مازیار پس از گشت و گذار طولانی در روستا خسته و کوفته به مخفیگاهش دربالای درخت برگشت، و بین شاخه های پهن درخت به خواب رفت و شب را در حوالی روستا به صبح رساند، و تمام روز را مشغول کشیدن نقشه بود.مازیار ساعتها با خود در کلنجار و جدال بود تا به حال به یاد نداشت دست به کار زشتی زده باشد، هیچوقت از خانه کسی چیزی بلند نکرده بود، اما اکنون مشغول کشیدن نقشه برای رفع احتیاجات ضروری خود از خانه مردم بود، مازیارهر چه می اندیشید، راهی جز این کار پیدا نمیکرد، چاره ای نداشت، مازیار

فقط چند روز وقت داشت که در اطراف روستا پرسه بزند و دزدکی احتیاجات

ضروری خود را از انبارهای مردم روستا تهیه کند. چند بسته کبریت، چند قرص نان،

مقداری قند و شکر، یکی دو بسته چای، و شلوار و لباس کهنه،با آمدنِ بهار زندگی

وکار در تمام روستاها شروع شده بود.

فصل۱۳

با آمدن بهار مردان روستایی کار در مزرعه و شخم زدن زمین را آغاز کرده بودند، اصغر هم با جدیت بیشتری به دامداری میرفت، دیگر مانند گذشته تندخو و بداخلاق نبود. تا جای ممکن سعی میکرد به اکبر محبت کند وبه کلی رفتارش را با اهالی روستا و کارگران دامداری تغییر داده بود. اما به راحتی می شد، عمق درد و رنجش را از ظاهر رفتارش مشاهده کرد و خورد شدنش را در باطن و ظاهرش احساس کرد، اصغر وانمود میکرد.مرگ گل بهار و ناپدید شدن مازیار را فراموش کرده است، و به آینده اکبر دل خوش است .

اما شب و روز خودش را به خاطر رفتار زشتش در قبال مرگ گل بهار و ناپدید شدن مازیار و برخوردهای تند و بداخلاقی های بی جهت خود که در حق مازیار کرده بود مقصر میدانست و خودش را سرزنش و لعنت میکرد .

اصغر دلش می خواست فقط یک بار دیگر مازیار را ببیند و به او بگوید که چقدر او را دوست دارد، و از کرده خود در حق او ومادرش شرمنده است. به مازیار بگوید او یادگار روزهای خوش زندگی با گل بهار است، به او بگوید که آن روزهای چقدر گل بهار از تولدش شاد شده بود. چقدر با تولدش به زندگی آنها گرمی بخشیده بود.و چقدرگل بهار او را دوست داشت. او یادگار روزهای خوش زندگی درکنار گل بهار است به وجودش احتیاج دارد، اما اصغر امید چندانی به برگشت مازیار نداشت می دانست مازیار بیشتر به خاطر بداخلاقی و بی توجهی او از خانه فرار کرده و خود را گم و گور کرده است. اصغر روزهای سخت تنهایی و یکنواختی را در گاوداری سپری

می کرد و عادت کرده بود وقتش را با کار زیاد و سرگرم کردن با کار گاوها

خودش را به فراموشی بسپارد .

فصل ۱٤

صدای واق واق سگ مازیار را متوجه خودش کرد، اولین انباری که مازیار قصد داخل شدن را کرده بود، با دردسر همراه بود. اما مازیار از قبل آمدن تمام مشکلات پیش رو را پیش بینی کرده بود، به سرعت تکه گوشت خرگوشی را به طرف سگ مزاحم پرت کرد و صدایش را خفه کرد بعد هم آرام آرام وارد انباری شد .

طی سه چهار شب مازیار اکثر مایحتاج خود از شلوار و پیراهن و طناب و ظرف و ظروف را از انباریهای مختلف جمع کرده بود، مازیار چند شب دیگر بیشتر وقت نداشت باید آذوقه و مواد خوراکی برای خود جمع میکرد، چند انبار را نشان کرده بود. شب از نیمه گذشته بود که مازیار به طرف انبار موردنظرش به راه افتاد، مازیار خوب میدانست که مردم روستا به علت کار سخت در زمین خسته و کوفته در رختخواب های خود در خواب سنگین هستند و اصلاً صدایی را نمی شنوند و یا از فرط خستگی حوصله بلند شدن را ندارند. برای مازیار این یک امتیاز مثبت بود که با خیال راحت یکی دو ساعت توی انباریها به دنبال وسایل مورد نیازش باشد و چیزهای بدرد بخوری پیدا کند .

پس از اندکی دقت انبار مورد نظر خود را پیدا کرد، حیاط و باغ در سکوت کامل بود، سگی در اطراف دیده نمی شد روی بند حیاط مقدار زیادی لباس و شلوار و پارچه تازه شسته آویزان بود ولی مازیار دیگر احتیاجی به برداشتن پارچه و لباس نداشت، چون از قبل یکی دو عدد از شلوار و پیراهن خود را از لباس های کهنه حیاط ها دیگران برداشته بود. اکنون آمده بود تا آرد و قند و نمک و چای بردارد .

مازیار به شانس خود افتخار میکرد، داخل انبار چشمش به چند کیسه آرد و چند حلب روغن و نمک خورد محض احتیاط نمک و یک حلبی کوچک روغن را برداشت، آرد را به خاطر نداشتن ظرف و امکان لو رفتن بر نداشت و از انبار بیرون آمد، مازیار طی چند شب گذشته اکثر وسایل موردنیاز چندین ماه زندگی در جنگل را برای خود تهیه کرده بود، از هر انباری مقدار کمی برداشته بود و به چیزهای با ارزش مردم دست نزد

تنها مانده بود قند و چای و نمک کمی آرد که برای تهیه همه اینها دو روز دیگر وقت داشت، درمدتی که مازیار دراطراف روستا پرسه میزد کسی به مخفیگاه او پی نبرده بود. مازیار با زیرکی تمام وسایل جمع آوری کرده خود را روی درختان مخفی میکرد، خودش به راحتی میتوانست به سرعت جای آنها را بیابد. اهالی ده روزها با خیال راحت مشغول کاروتلاش درمزرعه بودند. کسی کمترین شکی نکرده بود که ممکن است یک شلوار یا تکه پارچه کهنه، یاکتری وظرفی کهنه یا چند بشقاب و کاسه و ماهیتابه یا مقداری میخ و طناب و یکی دو تا تیشه و اَره گم شده باشد. تازه مازیار خوب میدانست که تا روستائیان پی به کم شدن چیزهای بی ارزش خود ببرند او دیگر در آن نزدیکی ها نیست. مازیار وقت زیادی نداشت، شب به نیمه رسیده بود، این آخرین شبی بود که باید احتیاجات خود را از انبارهای مردم فراهم میکرد چون از قبل قصد کرده بود که برای تهیه قند و نمک وچای وکبریت به انبار کدخدا ده وارد شود، معمولاً داخل اکثر انبارهای روستائیان آرد و گندم پیدا میشد، مازیار هم برایش فرقی نداشت که از کجا آرد تهیه کند پس از وارد شدن به انبار کدخدای ده چشمش به چند کیسه بیست کیلویی آرد و مقدار زیادی بسته چای و نمک وکارتون قند خورد و چند صابون را برداشت بدون معطلی احتیاجاتش را از انبار کدخدا جمع

کرد و به دوش گرفت و ازا نبار کدخدا خارج شد و از روستا بیرون آمد و به سمت مخفیگاه وسایلش به راه افتاد و بعد رسیدن به مخفی گاهش تمام وسایل جمع آوری کرده طی چند شب قبل را درکیسه گذاشت وبه سمت اعماق جنگل وکلبه اش به راه افتاد .

مازیار دیگر نگرانی خاصی نداشت، اغلب وسایل و احتیاجات ضروری خود را بدست آورده بود.

صدای پارس سگ و زوزه های پیاپی روباه ازدور دستهای روستا شنیده می شد و دور شدن مازیار از آبادی را به یادش می آورد   .

مازیار از دور به سوسوی کم نور فانوس های آویزان روی ایوان خانه های روستا نگاهی انداخت نهیبی به خود زد. مازیار چاره ای جز ادامه دادن راه پیش روناداشت باید به قدم هایش سرعت می داد و سریعتر از این جا می رفت ، ممکن بود شکارچی از روستا در حال شکار در راه او را می دید. یا با یکی از شکارچیان به طور اتفاقی برخورد کند. وآن وقت کارش خراب شود .

آسمان پر بود از ستارگان چشم نواز و نورانی، مازیار اکثراً تنهایی شبهای خود را با آنها به سر میکرد و از دیدن آنها و پرتوهای نورانی آنها لذت میبرد. مسیر برگشتنش را با ستاره ها نشانه گذاشته بود. دقیقا می دانست کدام ستاره در بالای کلبه اش قرارداشت. چشمان مازیار به تاریکی عادت داشتن، برای مازیار یافتن مسیر حرکت در تاریکی جنگل کار دشواری نبود. ولی محض امنیت از حمله درندگان و گرگها از قبل مَشعلی را آماده کرده بود وپارچه کهنه ای را دور چوب پیچیده بود و آن را با مواد نفتی آغشته کرده بود به همراه داشت آن را روشن کرد . برایش زیاد مشکل نبود . سنگینی کیسه را در تاریک و روشن نور ماه وشعله فروزان مشعل در دستش و

سایه سیاهی شب روی دوشش احساس میکرد. با احتیاط تمام به پیش می رفت و زمین زیر پایش را لمس می کرد. موقع برگشتن کوله بار مازیار کمی سنگین بود اما مازیار با خوشحالی و امید به طرف اعماق جنگل راه می رفت. می بایست قبل از روشنایی هوا از حوالی روستا دور شده باشد . مازیار میدانست ماندن او درحوالی روستا خطرناک است، بهتر دیده بود که شب هنگام به راه بیفتد و در تاریکی در جنگل پیش برود. با مشعلی که در دست داشت زیاد احساس ترس نمی کرد. مازیار با کوله باری سنگین تا طلوع خورشید به طرف اقامتگاه خود در مسیر ستارگان در حرکت بود، مازیار مطمئن بود که از روستا به اندازه کافی دور شده است و کسی قادر به یافتن او نیست. گاهی برای رفع خستگی راه کوله بار سنگین خود را چند لحظه به زمین می گذاشت تا کمی استراحت کند و نفسی تازه کند.

برای مازیار جنگل مثل خانه ای رویایی بود که در آن احساس راحتی و آرامش میکرد. اشتیاق رسیدن به کلبه مازیار را وادار میکرد که کمتر به فکر استراحت باشد و سریعتر به طرف کلبه راه را طی می کرد. مازیار با تمام خستگی و سختی راه تمام شب را در راه بود وقتی به سر ریز آب چشمه رسید راهش را به خوبی پیدا کرده بود و تا به کلبه اش در اعماق جنگل در دل درختان بلند و تنومند توسکا خوب پیش آمده بود. مازیار وقتی به پای درخت بلند و کلبه اش رسید، کوله بارش را به زمین گذاشت و از روی شادی و غرور چند فریاد بلند کشید. مازیار طی این چند روز آرزوی دیدن دوباره کلبه اش را داشت، انگار چند ماه از کلبه دوست داشتنی اش دور بود، مازیار به یاد نداشت که هیچ وقت از دیدن چیزی به اندازه دیدن کلبه و رسیدن به آن خوشحال شده باشد .

مازیار در آن ساعات شیرین جز به خودش و زیباییهای اطراف به چیزی دیگر فکر نمیکرد. کسی نبود که او را تحقیر کند، کسی نبود که به او دستور بدهد یا مجبور باشد برخلاف میلش رفتاری را بروز بدهد. به اندازه تمام روزهای زندگی درخانه پدرش از امکانات فراوان و طبیعی جنگل بهره مند شده بود، خودش آقای خودش بود. سخاوت طبیعت همه چیز را به وفور در اختیارش گذاشته بود، مازیار از بازی های سرنوشت چیزی نمی دانست و اصلاً فکرش را نمی کرد که روزی گرفتار دل خود خواهد شد.

مازیار بعد از وارد شدن به داخل کلبه وسایل خود را جابجا کرد و در آن به استراحت پرداخت. مازیار آنقدر خسته بود که نفهمید کی به خواب رفت اما وقتی چشم گشود، خورشید در پهنه آسمان از بالای جنگل گذشته بود و پرندگان هم در بین شاخه های پرشکوفه درختان جنگل آواز میخواندند. مازیار بعد از استراحت مفصل و رفع خستگی حسابی گرسنه و تشنه بود، برای همین هم از بالای درخت به پائین آمد و جهت گرفتن آب به طرف چشمه به راه افتاد .

پس از چندین ماه مازیار برای اولین بارتصمیم گرفت برای خود چای تازه و گرم تهیه کند، دیگر هم چای داشت و هم قند، برای مازیار این اولین چای تازه در دل جنگل آنقدر گوارا و لذتبخش بود که هرگز چنین چای خوش طعمی را در جایی ننوشیده بود .

فصل بهار در دل جنگل با وجود وسایل اندک ضروری که مازیار آن را از روستا آورده بود روزهای خوبی را برایش درست کرده بود. روزهای مازیار با شکار پرندگان و بالا پائین رفتن از کوه و درختان بلند سپری میشد، طی چند ماه گذشته مازیار به کلی تغییر کرده بود، غذای خوب و طبیعی جنگل و شادی و راحتی خیال در دل جنگل مازیار را بکلی تغییر داده بود .

مازیار به اکثر خواسته های خود که در کودکی داشت رسیده بود، دوست داشت به جنگل فرار کند، این کار را کرده بود ، دل سیر غذا بخورد.کسی او را بی جهت تحقیر و تنبیه نکند برای مازیار این بهترین شکل زندگی بودکه آرزویش را داشت تنها زندگی میکرد، امکانات فراوانی هم از طبیعت جنگل بدست آورده بود که کسی تاکنون در سن و سال او از آن برخوردار نبود، در دل طبیعت بکر و زیبا با آب و هوای پاک و دل انگیز و میوه های فراوان طبیعی و پرندگان زیبا زندگی می کرد که کسی خوابش را در روستایش ندیده بود .

مازیار گاهی خودش هم باورش نمیشه که در جایی به زیبایی جنگل زندگی کند، مثل خوابی خوش برایش بود، اما می دانست حقیقت دارد. بعد از گذشت روزها و ماهها مازیار شجاعت زیادی در رفتن به دور دست های جنگل و کوههای اطراف به دست آورده بود، انقدر بزرگ و قوی شده بود که دیگر از چیزی نمی ترسید. اما دست بالای دست بسیار بود و طبیعت در دل خود رخدادهای فراوانی پنهان داشت.

اکثر روزها را به شناختن، ناشناخته های اطراف خود سپری میکرد. فصل بهار و تابستان هم گذشت با رسیدن پائیز برگ درختان شروع به تغییر کردند و یکی یکی زرد می شدند و بر اثر بادهای تند از درخت جدا می شدند، سطح جنگل پوشیده بود از برگهای خشکیده درختان، مازیار هم خوب میدانست که باید مواظب آتش پائین کلبه باشد که باعث آتش گرفتن جنگل و از بین رفتن آن نشود .

مازیار قبل از فرا رسیدن زمستان با امکاناتی که از روستا آورده بود کلبه را تعمیر کرد تا برای فصل سرما و زمستانش آماده باشد.طبق عادت هر روز برای سرکشی تله های کارگذاشته شده اش رفت .از چند تله کار گذاشته شده چند خرگوش و یکی

دو تا قرقاول و کبک و تیکا گرفته بود و قصد سرکشی به آخرین تله را داشت .که از زیر بوته درختی پر شاخه چند گراز وحشی از ترس فراری شدند دست بر قضا یکی از آنها به سمت مازیار حمله ور شده بود مازیار تا خواست بجنبد. دندانهای تیز گراز در هنگام حمله و فرار قسمتی از پایش را شکافته بود. مازیار با تمام وجود سعی کرد که مانع حمله دوباره گراز شود و با فریاد و چرخاندن تبر در دستش به هدفش رسید و گراز وحشی پا به فرار گذاشت .شدت پارگی و زخم بی اندازه دردناک بود خون زیادی از جای پارگی و شکاف زخم پایش بر اثرحمله گراز می آمد. با تکه طنابی بالاتر از زخم ر ا محکم بست تا از خون ریزی شدیدش جلوگیری کند .به زحمت خود را به حصار دورکلبه رساند شلوارش را از پای زخمیش درآورد .جای زخم عمیق دندان گراز پهلوی راست پایش را به اندازه یک کف دستش پاره کرده بود .از درد به خود می پیچید با زحمت زیاد کتری آب جوشیده را برداشت وداخل زخمش را شست .از سالهای دور از مادرش شنیده بود که خاکه زغال سوخته و پارچه آغشته به نفت بهترین دوا می باشد که زخم را از چرک کردن و سیاه شدن حفظ می کند. مازیار هم طبق شنیده هایش از مادرش مقداری زغال و چوب سوخته را روی زخمش ریخت درد و سوزش امانش را بریده بود.چاره ای جز این نداشت با تکه پارچه خشکی روی زخمش را بست از شدت درد نمی توانست از جایش حرکت کند تنها توانست مقداری چوب روی زغال بگذارد تا آتش روشن شود وکمی گرم شود.تازه دود آتش بلندشده بود که مازیار از شدت درد همان جا از هوش رفت . وقتی چشم باز کردکه از شدت درد و گرسنگی طاقتش طاق شده بود معلوم نبود چند روز و چند ساعت در این حالت بود. ولی شدت ضعف و گرسنگی حاکی ازچند روز بی هوشی مازیار بر اثر زخم پایش بود. از کتری کمی آب نوشید تا تشنگی اش برطرف شود

بعد هم مقداری میوه جنگلی خورد تا ضعفش برطرف شد. زخمش سیاه نشده بود ولی متورم و چرکی بود به زحمت پارچه روی زخمش را باز کرد. دوباره آن را شست و خشک کرد . بعد هم خاکه زغال روی زخمش گذاشت و آن را دوباره بست شکارهای چند روز قبلش از بین رفته بودند.به کمک چوب دستیش از جایش به زحمت برخواست بیشتر از این نمی توانست برروی زمین بخوابد. به زحمت از نردبان کلبه بالارفت. از این که توانسته بود خود را به بالای کلبه برساند راضی بود. مقداری مغز گردو و فندق خورد تا گرسنگیش را برطرف کند بعد هم درازکشید پتو را روی سرش کشید و به خواب رفت .نیمه شب از شدت تب و لرز بیدار شد مازیار نمی دانست چکار باید بکند تا جلوی لرزیدنش را بگیرد هنوز هوا سرد نشده بود ولی او به شدت احساس سرما می کرد و می لرزید. به سختی لباسهای کهنه اش را تنش کرد تا کمی بیشتر احساس گرما بکند. باز هم می لرزید .کمی زغال در آتشدان کرسی بود آن را به زحمت روشن کرد.وقتی زغالها کمی سرخ و روشن شدند پتو را بالای چهارچوب کرسی قرارداد. تا گردنش به زیرکرسی فرو رفت حرارت زغال باعث شدکه دیگر نلرزد خدا خدا می کرد حالش از این بدتر نشود و زخمش عفونت و چرک نکند. تبش شدید شده بود هذیان می گفت چند بار فکرکرد که مادرش درکنارش است .او را صدا می زند و مازیار هم صدای مامان مامان گفتنش بلند بود.نفهمید کی از حال رفت به یاد کودکیش افتاد که هر وقت مریض می شد یا سرما می خورد مادرش تمام وقت درکنارش نشسته بود و با پارچه سفیدی که در دستش بود پیشانیش را پاک می کرد وگاهی پایش را درآب می شست سوپ در دهانش می ریخت نمی دانست آن روزها چرا مادرش آن کارها را برایش می کرد ولی می فهمید که چقدر حالا به دست گرم مادرش احتیاج دارد. هوا روشن شده بود

مازیار به زحمت از جایش بلند شد تب نداشت ولی احساس ضعف و سر درد داشت .خودش را از کلبه به پایین کشید آتش را روشن کرد وکتری آب را بر روی چنگک بالای آتش قرارداد وکنار آن نشست و منتظر جوش آمدن کتری شد چای را آماده کرد و بعد مختصرغذا خورد. زخمش را تمیزکرد از روز قبل بهتر به نظرش می رسید .دوباره زخمش را بست .ازجایش بلند شد پایش را تکان داد درد داشت ولی می توانست حرکت کند بهترشده بود .بایدکمی زغال به بالای کلبه می برد تا آتش کرسی را برای شب آماده کند تا اگراحساس سرما کرد نلرزد. وقت زیاد داشت هوا هم خوب بود .باید قبل از رسیدن شب چوب هایی را که از قبل برای تهیه زغال درکنار چشمه جمع کرده بود روشن می کرد.تا زغال زمستانش آماده باشد. مجبور بود به کنارچشمه برود طی هفت هشت روزگذشته تنها درکلبه استراحت کرده بود .وکارها از روال عادی زندگیش از حرکت افتاده بود. به سمت چشمه لنگ لنگان به راه افتاد. درمسیر هم سعی کرد چند تا از تله هایش را به کار بیندازد. ذخیره گوشتش تمام شده بود. با احتیاط تمام به کنار چشمه رفت .نزدیکهای غروب بود باید آتش چوبهای تلانبار شده برای زغالها را قبل شب روشن می کرد تا دود وآتش درتاریکی شب جنگل و مه کف جنگل درشب هنگام از دیده شدن پنهان بماند. مازیار چوبها را در بین مسیرآب چشمه بالای یک تخته سنگ روشن کرد تا هم بتواند از سرایت آتش به جنگل جلوگیری کند و هم به راحتی می توانست زغالها را در آب چشمه بشوید بعد از روشن کردن چوبها به کلبه بازگشت .مازیار چند روز بعد هم مشغول شستن ذغالها و جدا کردن چوبهای خشکیده تنه های افتاده درختان بود تا هیزم برای آتش پای کلبه اش برای پختن و سرخ کردن غذا داشته باشد. مازیار پس از تهیه ذغال آنها را پای کلبه برای زمستان ذخیره کرد. تمام تله های

خود را برای شکار خرگوش و پرندگان آماده کرد تا در فصل زمستان دچار کمبود گوشت و غذا نباشد.زخم پایش کم کم بهبود یافت. و او دوباره سرحال وشاد به دنبال کارهایش می رفت.

مازیار برای شناختن زیبایی های جنگل و سخاوت درختان جنگلی حد و مرزی برای خود قائل نبود. مازیار گاهی پای چشمه می نشست و به خود فکر می کرد، وقتی هم خودش را توی آب چشمه می دید، از هیبت چهره خود وحشت میکرد. به یاد حرفهای همکلاسی های قدیمش می افتاد که می گفتند در جنگل جن و مردان جنگلی وجود دارد که موهای بلند و ژولیده دارند .

مازیار زیاد فرقی با جن و شبح جنگلی نداشت، موهای بلند و ظاهری درشت و تنومند پیدا کرده بود که جز خودش و حیوانات جنگل کسی او را نمیدید، مثل شبحی در اعماق جنگل زندگی میکرد. مازیار از ظاهری که پیدا کرده بود لذت می برد، اندامی درشت و ورزیده مثل گاو سیاه که آرزویش را داشت، چشمانی درشت مثل چشمهای زیبای مادرش و چهره ای سبزگون مثل جنگل آرام و با وقار فرقی با طبیعت نداشت. تنها زخمی کهنه را به همراه داشت که او را آزار میداد و او را امیدوار به زندگی در جنگل میکرد تا روزی فرا برسد و انتقام خود را از کسانی که او را مسخره میکردند و بهترین حیوان دوست داشتنی اش را کشته بودند بگیرد .

مازیار وقتی به گذشته فکر میکرد ناراحت میشد، وحس انتقام پیدا می کرد و دوست داشت انتقام رفتارهای ناپسند اصغر وکدخدا و اهالی ده را از آنها بگیرد .

مازیار تقریباً یکسال و نیم بود که از روستا فرار کرده بود و به تنهایی در دل جنگل روزگار میگذراند .

روزهای زمستان با سردی و سوز یکی پس از دیگری سپری میشدند. مازیار بهار را طبق عادت قبلی به روستایی نزدیک شد و امکانات و آذوقه مورد نیاز یکسال خود را از انبارهای روستائیان وکدخدای ده فراهم کرد و بعد از چند روز به دل جنگل برگشت.

فصل ۱۵

اصغر و پسرش اکبر در روستا که به مدرسه میرفت روزگار آرامی را میگذرا ندند، اصغر تا جای ممکن به اکبر محبت میکرد، پس از مرگ گل بهار و ناپدید شدن مازیار اصغر یکسره به کار چسبیده بود درآمدش کمی زیاد شده بود. کسی نبود که درآمد ماهانه اش را برایش هزینه کند و خرج و مخارج خانه اش اندک بود، اکبرخرج زیادی نداشت. اصغر بخاطر تلاش و کار زیاد از طرف صاحب دامداری به عنوان سرکارگر دامداری انتخاب شده بود و حقوق و مزایای بیشتری می گرفت . اصغر با کار و تلاش زیاد سعی می کرد فکر مازیار و مرگ گلبهار را فراموش کند .

اصغر برای اکبر ارزش خاصی قائل بود. او تنها یادگار گل بهار بود و نیز تنها مونس و هم صحبت تنهایش که با شیرین زبانی و محبت کودکانه اش اوقات خوشی را برای اصغر درست میکرد. اصغر تا جای ممکن سعی می کرد گذشته را درباره اکبر تکرار نکند از جان و دل برای اکبر مایه میگذاشت تا او بتواند به درس و مدرسه اش برسد، برخلاف اخلاقی که در قبال مازیار داشت به او احترام میکرد و از جان کمتر به او چیزی نمیگفت. زمانه روی خوش به اونشان داده بود ولی برایش فرق نمی کرد دیگرگلبهارش را نداشت تا درشادیش شریک شود.

اهالی ده همه می دانستند که مرگ گلبهار و مازیار ضربه روحی سنگینی به اصغر وارد کرده است و نیز از این که می دیدند اصغر مردی آرام و فعال شده است خوشنود بودند. هر از چند گاهی اصغر مشهدی حسن را پیش خودشان می آورد و چند روزی او را پیش خود نگه می داشت و تا جای امکان به او محبت میکرد و سعی میکرد که گذشته تلخ خود را با احترام و محبت به مشهدی جبران کند و باعث

خوشنودی روح گلبهارشود. اصغر هیچگاه باور نمیکرد که مازیار هم ممکن است مرده باشد، اصغر همیشه به خود میگفت: مازیار زنده است و در جایی مشغول زندگیست و هنوز او را نبخشیده. اصغر همیشه از خدا میخواست روزی برسد که بتواند از مازیار طلب بخشش کند و او را دوباره ببیند و با او دوباره زیر یک سقف با شادی و صفا روزهای باقیمانده عمر خود را به پایان برساند. چند سالی از گم شدن مازیار گذشته بود و دیگر کسی در روستا به یاد مازیار نبود.

فصل۱٦

با فرا رسیدن شیشمین بهار مازیار جوانی رشید و یلی شده بود. طبق عادت سالهای قبل به طور معمول به طرف حاشیه جنگل برخلاف سال قبل به طرف روستایی در حاشیه رودخانه ای رفت که تا به حال به آنجا نرفته بود. برخلاف روستاهایی که سالهای گذشته به آن وارد شده بود این روستا با آنها فرق داشت. از دور رفت و آمد روستا را زیر نظر گرفت و بهترین مکان را دربالا دست روستا در حاشیه روستا انتخاب کرد. به نظر مازیار جای خوبی برای تهیه مایحتاج مورد نیازش بود. روستایی را که مازیار انتخاب کرده بود در مسیر رودخانه و جنگل قرار داشت. مازیار مثل گذشته فقط دنبال مقدارای مواد خوراکی و پارچه و لباس برای خودش بود. طبق معمول هر سال بر رشد او افزوده شده بود و او ناچار بود لباس بلندتر و شلوار بلندتری ر ا برای خود بردارد .

مازیار طی این چند سال جوانی قوی و هیکل مند شده بود که بیشتر لباس مردانه و شلوار مردانه بلند به تن او میخورد و برای همین منظور مجبور بود کمی دچار دردسر شود تا لباس مورد نظرش را تهیه کند، چون کمتر پیش می آمد که لباس های آدم بزرگها را روی بند ببیند. اکثراً برای یافتن یکی دو شلوار مردانه تمام بندهای رخت خانه های روستائیان را وارسی میکرد تا لباس و شلوار موردنیاز خود را بیابد ولی برای تهیه قند و چای ونمک وآرد زیاد دچار مشکل نمیشد چون راه وارد شدن به انبارهای روستا را به آسانی پیدا میکرد. توی روستایی که زیر نظر گرفته بود، برعکس دیگر روستاها بجای تراکتور و موتور، ماشین در رفت و آمد بودند، کوچه های آن هم زیاد باریک نبود، تازه بدتر آنکه اکثر خانه ها دیوار بلوکی داشتن

که برای مازیار وارد شدن درآنها مشکل بود. ولی خوبی زیادی هم داشت، که اکثراً سگ نداشتن تا واق واق کنند. در روستایی که از دور زیر نظر گرفته بود ظاهر لباس جوانها و مردم ده تغییر کرده بود. مازیار تازه داشت می فهمید که اینجا روستای کوچک نیست بلکه روستایی بزرگ بود که در حاشیه جنگل قرار داشت که او به آن رسیده بود، مازیار چاره ای نداشت جز اینکه در اینجا بماند و احتیاجات خود را تهیه کند .

کم کم هوا هم تاریک شد ولی برعکس روستاهای دیگر در این روستا با تاریکی هوا کوچه ها روشن بودند چون سر هر تیر چراغ روشن بود که کوچه ها مثل روز روشن معلوم بودند. مازیار تا نزدیک صبح منتظر ماند تا رفت و آمد کم شود. هر از گاهی از داخل کوچه ای کسی با چراغی روشن رد میشد .

مازیار برای آنکه دچار مشکل نشود فقط دراطراف جنگل و حاشیه رودخانه دنبال احتیاجات خود گشت. با تمام احتیاطها چهار پنج روز طول کشید تا مازیار اولین وسیله را توانسته بود از انباری پیدا کند . تنها شانس مازیار این بود که به راحتی از دیوار و درخت بالا میرفت و خود را روی سقف و بام خانه ها مخفی میکرد.خسته شده بود.پیداکردن آذوقه وسایل ضروری دراین روستا آن گونه که فکرمی کرد راحت وآسان نبود .

چند روز دیگر هم گذشت ولی مازیار هنوز نتوانسته بود نصف احتیاج خود را تهیه کند. روزها مخفیانه در بالای درخت در حاشیه جنگل به تماشای رفت آمد مردم میگذراند و شبها به داخل روستا میرفت و به دنبال چیزهایی که میخواست میگشت. برای مازیار دیدن آدمها با ریخت و قیافه های گوناگون جالب بود. مازیار دو هفته در

حاشیه روستا با ترس و دلهره به دنبال رفع احتیاجات ضروری خود بود ولی به دلیل پیدا نکردن انباری بدرد بخور و ناکامی در بدست آوردن جائی مناسب برای تهیه احتیاجات خود، دست خالی و ناراحت حاشیه رودخانه را به قصد اعماق جنگل ترک کرد .

مازیار در راه برگشت خود را به خاطر ناکامی در بدست آوردن مواد غذایی و لوازم ضروری سرزنش میکرد و اشتباه خود را درماندگار شدن و ناکامی در بدست آوردن مایحتاج مورد نیازش برای یکسال آینده غیرقابل جبران تلقی میکرد. مازیار پس از برگشتن به کلبه چند روزی را در کلبه به استراحت و تجدید قوای جسمی و روحیه خود پرداخت و سعی کرد تمام اشتباهات خود را در چند هفته گذشته به فراموشی بسپارد. مازیار این بار امیدوارانه تر تصمیم گرفت بعد از شش سال به طرف روستای خود به راه بیفتد تا بتواند از اوضاع و احوال روستا و اصغر و اکبر باخبر شود و هم احتیاجات خود را از آنجا تهیه کند .

مازیار چند ماهی بود که به فکر برگشتن به روستا و دیدن پدر و برادرش در روستایش بود ولی به خاطر غرور و ناراحتی از اصغر و کدخدا و بازگشت خود به ده را زود میدانست، ولی بعد از نا امیدی از تهیه احتیاجات خود در حاشیه رودخانه و برگشتن به کلبه فکر رفتن به روستای خودش مثل خوره به جانش افتاده بود. مازیار پس از چند روز تصمیم به بازگشتن به روستای خود را عملی کرد .

مازیار به یاد داشت که روزی که برای آمدن به اعماق جنگل حرکت کرده بود درست رو به روی خورشید حرکت میکرد و چند ساعتی خورشید دقیقاً در وسط

آسمان بالای سرش می تابید. مازیار به خوبی تمام مسیرهای جنگل اطراف را یاد گرفته بود و به راحتی مسیر برگشتن به روستای خود را می دانست .

فصل بهار به همراه خود طراوت و سرسبزی درختان و به شکوفه نشستن گلهای وحشی را به ارمغان آورده بود و اکثر گلهای وحشی و درختان جنگل از گلهای رنگارنگ زیبا پر بودند. مازیار هیچوقت دلش نمیخواست زیباییهای طبیعت و سخاوت جنگل را ترک کند و از این که ناچار بود برای تهیه احتیاجات ضروری خود به روستا برود دلگیر بود.کوله بارش را بست و به سمت روستایشان به راه افتاد. مازیار پس از طی مسافت طولانی به حاشیه جنگل رسید، هنوز چند ساعتی از روز باقی بود. مازیار به خوبی مسیر روستای خود را به یاد می آورد هنوز از دور دست روستای خودش مثل گذشته با چند صد متر فاصله از حاشیه جنگل قرار داشت، تنها چند خانه و باغ تازه به آن اضافه شده بود. از دور باغی را که چند ساعتی در آن مخفی شده بود به خوبی به یاد می آورد ولی آن زمان هوا تاریک بود و او هم کوچک و آنجا برایش جایی غریب و ترسناک بود. مازیار به دقت اطراف را زیر نظر گرفت جز چند کشاورز کسی در اطراف روستا دیده نمی شدند. در روستا اندکی مردم به باغداری و دامپروری مشغول بودند واکثرا هم شالیکاری انجام می دادند. همین هم باعث آن بود که بیشتر زمینهای کشاورزی و تعدادی پوشیده از درختان مرکبات و میوه باشند. و برای مخفی شدن عالی بودند .

مازیار با احتیاط از چند باغ مرکبات گذشت به باغی که در نزدیکی خانه ای قرار داشت وارد شد و پس از مطمئن شدن از نبود کسی در باغ مرکبات در آنجا به استراحت پرداخت تا شب فرا برسد. مازیار دلش برای مادرش تنگ شده بود .شب

هنگام با احتیاط به مزار مادرش رفت .کنارش نشست دستی ازعشق ومحبت به روی مزارش کشید و مزار مادرش را بوسید. و باگفتن سلام به مادرش برایش فاتحه ای خواند و اشک ریخت و از او به خاطر کارهای بد طلب بخشش کرد.

مازیار نیمه شب با احتیاط به سمت خانه خودشان در کوچه پس کوچه های تاریک روستا به راه افتاد تا شاید بتواند اصغر و اکبر را در تاریکی شب از پشت پنجره اتاق ببیند. مازیار پس از طی چند کوچه به خانه خود رسید، هنوز در چوبی کهنه بر حصار چوبی حیاط خودنمایی میکرد .

مازیار به خوبی راه وارد شدن به حیاط را میدانست به راحتی چفت در چوبی را به کناری زد و با احتیاط و بی سر و صدا وارد حیاط شد .

مازیار چند لحظه ای کنار در ایستاد و به حیاط خانه که یادگار زحمات مادرش بود نگاه کرد، تمام حیاط پر شده بود از گلهای رز سفید که مادرش گلبهار با عشق و علاقه در حیاط کاشته بود و حالا بعد از سالیان هنوز با شکوه و طراوت بودند .

مازیار آرام آرام به کنار خانه رسید، کور سوی فانوس از کنار اتاق قسمتی از اتاق را روشن کرده بود، به نظر می رسید دو نفر کف اتاق بی خبر از هر جا در خوابی خوش فرو رفته باشند. مازیار از پشت پنجره کمی آنها را نگاه کرد وقتی از خواب بودن آن دو مطمئن شد، دلش طاقت نیاورد که برادر و پدرش را از نزدیک تماشا نکند از در اتاق وارد شد ولی محض احتیاط در اتاق را باز گذاشت تا اگر احساس خطر کرد سریع از آنجا بیرون بیاید .

مازیار در نور کم فانوس به چهره شکسته و فرسوده اصغر خیره خیره نگاه میکرد، اصغر تغییر کرده بود، مازیار باورش نمیشد که این مرد همان اصغر بداخلاق و خشن

باشد. مازیار از دیدن آن همه تغییر در ظاهر اصغر و سفید شدن موی سر او تعجب کرد انگار گرد سفیدی روی چهره اصغر نشسته بود. مازیار با افسوس لحظه ای دلش به حال اصغر سوخت و دلش میخواست بعد چند سال دوری سیر پدرش را ببیند اما در آنی یاد گذشته اصغر و رفتارها و آزار و کتک هایی که از اصغر خورده بود او را واداشت تا دوباره نفرت تمام وجودش را پراز کینه کند. مازیار به دقت به صورت اکبر نگاه کرد. بزرگ شده بود دوست داشت صورت برادرش را غرق بوسه می کرد و او را درآغوش می فشرد به دقت نگاه می کرد اکبر داشت برای خودش مردی میشد. بعد هم به آشپزخانه کوچکشان رفت تا شاید لقمه نانی برای رفع گرسنگی پیدا کند، بعد از زیر و رو کردن چند پارچه مقداری نان و کاسه ای ماست را پیدا کرد. ماست را همانجا سرکشید اما نان را برداشت موقع خارج شدن از آشپزخانه چشمش به قاب عکس قدیمی روی تاقچه اتاق افتاد، به طرف تاقچه رفت و قاب کوچک را از آنجا برداشت و از خانه خارج شد.چند شاخه گل رز ازباغچه حیاط برای مزار مادرش کند. مازیار موقع آمدن دلش میخواست تمام کینه های گذشته خود را نسبت به اصغر و کسانی که او را اذیت کردند بگیرد. دوست داشت وارد آقل کدخدا شود و گاو و گوسفندانش را بکشد، به دامداری برود و آنجا را به آتش بکشد. اما بعد از بیرون آمدن از خانه خودشان از تمام اتفاقات گذشته وانتقام گرفتن منصرف شد و همه را بخشید هنوز نمیخواست دیده شود، مازیار بعد از برگشتن از خانه گلهای رز را به سر مزار مادرش گذاشت وکنار مزارش نشست و تا نزدیکی صبح آنجا بود و بعد برای استراحت و مخفی شدن داخل باغ کدخدا شد و نانی که از خانه برداشته بود را با اشتهاء به دندان گرفت باغ بزرگ که محل اختفای اصلی

۸۶

مازیار بود درکناره جنگل قرار داشت و مازیار می توانست با خیال راحت به استراحت بپردازد .

هنوز روز به نیمه نرسیده بود که مازیار متوجه سر و صدا و خندیدن کسانی در باغ در نزدیکی هایش شد به نظرش آمد کسانی در باغ مشغول جشن و شادی هستند، با دقت تمام خود را لابلای شاخه های درختان مخفی کرد و با تعجب و حیرت به روبروی خود نگاه میکرد. مازیار از شگفتی خشکش زده بود نزدیک بود از حیرت قالب تهی کند. تازه فهمیده بود به یادش آمد کجا هست و چه روزی آمده بود وچه اتفاقی افتاده است. مازیار چند بار تا نزدیکی های آن جمع پیش رفت که مشغول خوردن و شادی بودند بیش از این نمی توانست نزدیک شود کسی را نمی شناخت. دربین آنها محو تماشای دختر روسری سفید بود. پری اما بی خبر از زیر نظر بودنش در باغ به همراه برادرزاده کوچکش مشغول گشت وگذار بود مازیار اما یک دل نه صد دل چشم شده بود و محو تماشای جمال زیبایی او شده بود که کمی دورتر از او مشغول گردش بود.تاریکی داشت تمام باغ را می بلعید که آن جمع از باغ رفتند. رفتن آنها مانند دل بریدن از تمام زندگی برای مازیار سخت می نمود مازیار از گوشهای به بیرون باغ پرید و راه کوچه ای در روستا را به پیش گرفت. هنوز نتوانسته بود خودش راپیدا کندکسی یا چیزی تغیرکرده بود دیگر آن حس و حال گذشته در او نبود. مازیار نمیدانست برای چه رمقی برای گشت و گذار در روستا را ندارد. با بیحالی تمام در نیمه های شب وارد انبار بزرگی شد و مقداری قند و چای برداشت و دوباره به باغ برگشت. تمام شب را مازیار در فکر اتفاق روز بود ولی هر چه بیشتر فکر میکرد کمتر نتیجه میگرفت. روز سوم هم برای مازیار با اشتیاق و نگرانی به پایان رسید و هیچ کس وارد باغ نشد. مازیار دیگر تحمل ماندن در روستا

را نداشت و با کوله باری ازغم و اندوه و برداشتن مختصر وسایل دوباره به اعماق جنگل برگشت. مازیار دیگر مثل گذشته از اهالی ده هیچ کینه ای نداشت و انگار یک شبه همه چیز روستا تغییرکرده بود و او از کسی رنجشی به دل نداشت همه را بخشید پدرش اصغر و اهالی ده و حتی کدخدای ده دیگر آن کینه گذشته از ذهن و دلش بیرون رفته بود وجای آن غم وحسرت یک دیدار نقش گرفته بود با دلی گرفته و غمگین از روی ناچاری به سوی اعماق جنگل به راه افتاد.

فصل ۱۷

اصغر بعد از بلند شدن از خواب برای اکبر چای گذاشت و با تعجب کاسه خالی ماست را نزدیک درآشپزخانه دید، خیال کرد که اکبر گرسنه اش بوده و ماست را خورده بود. زیاد اهمیت نداد و بعد ازخوردن مختصرنان و شیر به دامداری رفت. اکبر هم بعد تعطیلات عید باید به مدرسه می رفت .

اکبر بیشتر وقت خود را سرگرم درس و مشق میکرد و گاهی هم برای سرگرمی با پسرهمسایه به بازی مشغول میشد.

اصغر هر غروب از خانه ننه بلقیس چند نان تازه میگرفت و با خود به خانه می آورد. ازوقتی که کارش در دامداری بالا گرفته بود. معمولاً شیر و کره تازه همیشه برای اکبر در خانه اصغر پیدا میشد. اصغر هراز گاهی خودش با شیرتازه پنیر درست میکرد ولی اکبر سرشیر تازه را بیشتر دوست داشت. اصغر هم به خاطر او سرشیر را به او میداد تا اکبر بهتر بتواند برای درس خواندن انرژی و توان داشته باشد .

بعد از مرگ گل بهار اصغر مجبور بودکار آشپزی و خورد و خوراک وکار رسیدگی به اکبر را خودش انجام دهد و از جهت آشپزی دیگر مشکلی نداشت. دو سه شب از مفقود شدن قاب عکس گذشته بود که تازه اصغر نظرش به بالای تاقچه افتاد و با تعجب ازاکبر پرسید که قاب عکس مادرش را برداشته است .

اکبر در جواب پدرش گفت که من قدم نمیرسد که آن را بردارم. درست میگفت: اصغر با تعجب بیشتر به او گفت: پس قاب عکس مادرت چه شده من همین چند روز پیش آن را برداشتم و تمیز کردم و سرجایش قرار دادم، حالا هم که سرجایش نیست .

اکبر رو به پدرش گفت: شاید یادت رفته جایی دیگر گذاشتی که اصغر در جواب گفت امکان ندارد من سر جایش قراردادم. اصغر برای اطمینان تمام تاقچه و اتاق را زیر و رو کرد ولی اثری از قاب نبود. اصغر با خودش میگفت: یعنی چه! چه کسی ممکن است که قاب عکس گل بهاررا برداشته باشد. شکش زمانی به مازیاربیشترشدکه غروب پنج شنبه به همراه اکبر برای فاتحه خواندن به مزار گل بهار رفت و از آنچه بر روی مزار گل بهار می دید خشکش زد . بر روی مزار گل بهار چندین شاخه گل رز سفید گذاشته شده بود که معلوم بود از حیاط خانه اش کنده شده بود . ا ز اکبر پرسید که این گلها را تو بر مزار مادرت قرار دادی .اکبر هم با رد کردن چنین کاری شک اصغر را به یقین بدل کرد که این کار کار مازیار است وجز اوکسی این کار را انجام نداده است. اصغر رو به پسرش گفت :اکبر من مطمئن هستم مازیار اینجا بود .مازیار زنده است .اکبر چه می گویی بابا چطوری ممکن است داداش مازیار زنده باشد ولی نخواسته مرا ببیند. اصغر : آخه تو نمی دونی برادرت از من ناراحت و دلخور است . من درحقش بدی زیادی کرده ام من مطمئن هستم که او به خاطر دیدن مادرش به اینجا آمده بود. به من بگو تو پریشب کاسه ماست را خورده بودی و کنار در گذاشتی .اکبر : چه می گویی بابا کجا من نصف شب چیزی خوردم که این بار دومم باشد . اصغر به چشم های اکبر نگاهی انداخت وگفت : پس کار برادرت مازیار بود که به خانه آمده بود. من مطمئن هستم که او به خاطر دیدنت آمده بود. ولی دلش نیامد بیدارت کند. این گلها را هم برای مزار مادرش از حیاط خانه چیده است . اصغر نمی دانست از شادی زنده بودن مازیار فریاد میکرد یا غم کهنه نشسته بردل دردمندش برای گل بهار . اصغر برای روح گل بهار فاتحه ای خواند و از او برای برگرداندن پسرش تشکرکرد.

فصل ۱۸

یک روز از آمدن مازیار به جنگل نگذشته بود. دیگر مازیار آن شادابی و جنبجوش گذشته را نداشت، گوشه کلبه کِز کرده بود و با خودش کلنجار میرفت. مازیار تمام اتفاقات چند روز قبل روستا را در ذهنش مرور کرد. برای مازیار دیدن دوباره آن دختر که در باغ دیده بود یک آرزو شده بود. او چه کسی بود چقدرمیخواست دوباره به روستا برگردد شاید برای یک بار دیگر بتواند او را ببیند .

چند روزی گذشت ولی مازیار رمقی برای بیرون رفتن از کلبه را نداشت. بوی نای و تنهایی تمام کلبه را در خود فرو برده بود. بنظر مازیار دیگر جنگل آن شادابی و صفای گذشته را نداشت و انگار تمام پرندگان جنگل خاموش کنج قفس کز کرده بودند و آوازی سر نمیدادند. آنقدر گرسنگی به مازیار فشار آورد که ناچار از کلبه بیرون آمد تا برای رفع گرسنگی خود چاره ای کند .

مازیار سری به تله های خود زد. از شانسش بین چند تله تنها یک خرگوش به تله گیر افتاده بود. برای مازیارخوردن گوشت لذیذ خرگوش بسیار با ارزش بود. مازیار بعد از مهیا کردن آتش و کباب کردن خرگوش با ولع تمام آن را خورد. پس از دو روز گرسنگی دلی سیر از گوشت خرگوش خورده بود، دیگر آن حالت بی رمقی و کسالت گذشته را نداشت. شب تاریک آرام آرام داشت جنگل را فرو می بلعید .

مازیار کنار آتش برافروخته نشسته بود و خیره خیره به شعله های فروزان هیزم های گر گرفته نگاه میکرد، شب جنگل با صداهای حیوانات مختلف برای مازیار جالب توجه و دوست داشتنی بود. مازیار پس از سالها زندگی در جنگل به محیط جنگل و شبهای وحشت آفرین آن خو کرده بود. دیگر از صدای زوزه گرگها و شغالها وحشتی

ترسی به دل راه نمی داد. مازیار برای خودش آنقدر قوی و بزرگ شده بود که

بتواند در کنار آتش پای کلبه اش بنشیند و مدتی را در پناه آتش از نمور شب به

خوشی و شادابی استراحت کند. وچای بنوشد.

فصل ۱۹

بعد از چند روز از ماجرای گم شدن قاب عکس و جای پای مردانه روی زیلوی کف اتاق دیگر اصغر شک نداشت که کسی غیر از مازیار به خانه آمده باشد. اصغر همان روز اول که به خانه برگشت اثر جای پای مردانهای را روی زیلو دیده بود. مطمئن بود که جای پای اکبر نمیتواند باشد چون جای پا از جای پای او هم بزرگتر بود .

تازه اکبر هیچ وقت با کفش و گل و خاک وارد اتاق نمیشد، اصغر اول شک کرد شاید دله دزدی وارد خانه اش شده و چیزی پیدا نکرد و رفته اما وقتی به مزار گل بهار رفته بودند یقین پیدا کرده بودکه مازیار به خانه برگشته بود. شواهد چنین به او می فهماندن .

امکان نداشت دزدی وارد خانه ای شود تنها یک کاسه ماست بخورد و بعد هم قاب عکس چوبی و کهنه مرده ای را با خود ببرد، و ازحیاط خانه گل بکند درک این موضوع برای اصغر سخت بود. اگر مازیار مرده بود امکان نداشت به خانه برگردد پس مازیار حتماً زنده بود و کسی غیر از او به خانه اش نیامده و حتماً دلیلی برای برداشتن قاب عکس مادرش گلبهار داشت. اصغرمطمئن بودکه هنوز مازیار او را نبخشیده که نخواست آنها را ببیند .

صبح هم خبردیده شدن فردی درشت قامت و ژولیده درهنگام بیرون آمدن از باغ کدخدا در نیمه شب توسط میرنقی میرآب روستا هنگام بازگشت از سربندآب روستا گواه بر این بودکه شکش نسبت به زنده بودن مازیار درست بود به گفته میرنقی کسی که او از دور در حال بیرون آمدن از باغ کدخدا دیده بود هیبت درشت و وحشتناکی داشت که او چند بار بسم الله گفته بود ولی وقتی دید که از دیدش غیب

نشد مطمئن شده که آدم هست ولی جرات نکرد او را صدا بزند هرکس در روستا حرفی می زد و چیزی می گفت: اما اصغرتمام اتفاقات را زیر سر مازیار می دانست که بعد از چند سال به روستا برگشته بود. ولی به دلایلی که فهمش برای اصغر دشوار بود دوباره از روستا رفته بود. اصغر برای کسی این موضوع را نگفت با تمام این اتفاقات برای اصغر نور امید تازه ای روشن شده بود. به یادگفته های هوشنگ افتادکه گفته بود مازیار آرزو و فکرش این بود که ازدست کتک های اصغر به جنگل برای زندگی برود تا دست پدرش به او نرسد و بتواند به تنهایی زندگی کند.برای لحظه ای تمام گفته های هوشنگ مثل برق از ذهن اصغر گذشت. چرا بیشتر اعماق جنگل را به دنبال مازیار نگشته بود. اصغر خوب میدانست مازیار هم مثل خودش خیر سر و یک دنده بود چطور به این موضوع اهمیت نداده بود. مگر مازیار به دوستانش نگفته بود در اولین فرصت به اعماق جنگل فرار میکند تا از شر پدرش راحت شود پس چرا به این حرف مازیار توجه نکرده بود، اصغر بین راه با خودش کلنجار میرفت گاهی خودش را سرزنش میکرد تا به خانه رسید .

در خانه اصغر ساعتها به مازیار فکر کرد و از زنده بودنش اشک شوق ریخت و تصمیم گرفت که به هر نحوی مازیار را پیدا کند و به خانه برگرداندش. به اکبر گفت که قصد پیداکردن مازیار را دارد و از صبح زود به قصد پیدا کردن مازیار به سوی جنگل به راه می افتد. از اکبر خواست تا آمدنشان به خانه مش رحیم برود تا خیالش از بابت او راحت باشد. اصغر پیش خود تصمیم گرفته بود که اگر این جستجو ماهها طول بکشد باید استقامت کند تا مخفیگاه جنگلی مازیار را پیدا کند و مازیار را بیابد. اصغر از سرشب کوله باری از وسایل مورد نیازش را آماده کرده بود تا در جنگل دچار مشکل نشود. اصغر همان سرشب به خانه مش رحیم رفت جریان

اتفاقات چند روزگذشته و شکش به زنده بودن مازیار را برای همسایه اش توضیح داد .و از او خواهش کرد تا زمانی که او به دنبال مازیار می گردد مواظب اکبر باشند. مش رحیم و صغری خانم از شنیدن خبر زنده بودن مازیار ابراز خوشحالی کرد. صغری خانم هم قول داد تا هر وقت بخواهد اکبر پیششان باشد. و نگران او نباشد به اصغر دلگرمی بیشتری داد که به دنبال مازیار برود .مش رحیم هم از اصغرخواست تا همراه او برای پیداکردن مازیار باشد .اصغر با گفتن راضی به زحمت او نیست خواست که مزاحم مش رحیم نشود. ولی مش رحیم این کار را باعث خوشنودی روح گلبهار می دانست و پیدا کردن مازیار را وظیفه انسانی خود نسبت به قولی که به گلبهار پیش از مرگش داده بودند می دانست . اصغر گفت: مش رحیم شما همیشه به من لطف دارید باعث زحمت شما هستم و قبول کرد که به اتفاق مش رحیم بهترمی تواند مازیار را پیدا کند . قرارحرکت را صبح زود گذاشتن و از مش رحیم خواست برای بعد از اذان صبح آماده حرکت باشد از او خداحافظی کرد.

اصغر خوب می دانست که برای جستجو دراعماق جنگل اسلحه وسیله خوبی برای حفاظت از جانشان در مقابل حیوانات درنده می باشدکه ممکن بود درمسیرحرکتشان با آنها روبرو شوند. به همین جهت از مشهدی غلام شکارچی محل اسلحه ای قرض گرفت تا به همراه خود داشته باشند تا در مواقع لزوم از آن استفاده کنند . صبح خروس خون اصغر و مش رحیم با بیم امید وارد جنگل شدند. جنگل انقدر بزرگ و وسیع بود که نمیدانستند از کدام سمت حرکت کنند، باید پیش می رفتند . راه روبروی خود به سمت اعماق جنگل پیش گرفتند .

اصغر و مش رحیم هر چه بیشتر از کناره جنگل دور میشدند، بیشتر بوی نم و رطوبت صبحگاهی جنگل را حس می کردند. درختان جنگل هم انبوه تر و بزرگتر به نظرشان می آمدند. دیگر جز راه های عبور حیوانات وحشی بین شاخسار پهن درختان جنگل چیزی دیده نمیشد، گاهی اوقات هم در قسمتی که درختان بلند و تنومند دیده می شدند کمی مسیر آزادتر می شد و دید آنها به روبرو بیشتر می شد .

آنها هر چند صد متری که طی می کردند می ایستادند و با صدای بلند اسم مازیار را با تمام قدرتشان صدا میزدند تا اگر مازیار در آن نزدیکی ها بود صدایشان را بشنود و آنها را جواب دهد. گاهی هم به خاطر ترس ازحمله حیوانات وحشی که بین بوته های جنگل به وجودشان راه پیدا میکرد این کار را تکرار می کردند تا کمی از اضطرابشان بکاهد. اصغر و مش رحیم پس از ساعتها راهپیمایی در جنگل احساس خستگی و گرسنگی می کردند. برای رفع خستگی استراحت کوتاهی کردند، تا انرژی از دست رفته را باز یابند. اصغر و مش رحیم پس از تجدید قوا به راه خود ادامه دادند و تا نزدیکی های غروب آفتاب در جنگل پیش رفتند. کم کم صدای زوزه گرگ ها و شغال ها در جنگل بلند شده بود وآنها بهتر دیدند که برای در امان بودن از حمله احتمالی گرگ های گرسنه آتش برفروزند هیزم برای آتش فراوان بود. اصغر خیلی زود چوب های مورد نیاز آتش را برای روشن کردن آتش فراهم آورد و مش رحیم آتش را روشن کرد و در کنار آن نشستند به گونه ای که پشتشان به تنه

درخت تنومندی بود پشت سرشان را از حمله حیوانات وحشی حفظ می کرد .

آنها پس از خورد مختصر نان و پنیری شروع به گفتگو کردند تا چشمهایشان سنگین شد و نفهمیدن کی کنار آتش به خواب رفتند ولی وقتی چشم گشودن هوا

روشن شده بود و آواز مرغهای جنگلی به گوش می رسید. اصغر و مش رحیم چندین روز و شب را به همین منوال راهپیمایی کردند ولی اثری از مازیار نیافته بودند .

پس از چند روز یأس و نا امیدی و خستگی در چهره آنها نشسته بود و غروب دیگر داشت پرده تاریک شب را بر پهنه جنگل می گستراند و اصغر هنوز تصمیم ایستادن نداشت. دیگر زوزه گرگ برایش وحشت آفرین نبود. با تفنگی که در پیشروی خود داشت هر جنبده ای که بسویشان حمله میکرد در آنی از پا در می آورد .

اصغر و مش رحیم لابه لای تنه های خز بسته درختان بلند توسکا پیش می رفتند هوا هم کم کم به تاریکی می نشست مش رحیم نگاه کن اصغرآنجا خط دود را می بینی خط باریکی از دود توجه اش را به خود جلب کرد که سطح پایین درختان بلند جنگل را پوشانده بود اصغر به وضوح بوی دود را احساس میکرد. روبه مش رحیم گفت : این دود از کجا ممکن است باشد . نکند از جنگل بیرون آمده باشیم . پیش خودش فکر کرد ممکن است دود کارگاه های ذغال گیری کنار جنگل باشد که دودشان در جنگل پخش شده بود. چیزی که به ذهنش خطور کرد بود، رو به مش رحیم گفت: ممکن است که طی روز گذشته راه را گم کرده باشیم و از قسمت دیگرجنگل به حاشیه آن رسیده باشیم و در نزدیکی روستایی قرار گرفته باشیم و ممکن است این دود محل تهیه زغال روستائیان باشد. متاثر از این که نتوانسته بودند مازیار را پیدا کنند. رو به مش رحیم با ناامیدی گفت: نتوانستیم مازیار را پیداکنیم بعد هم دوتایی به سمت محل اصلی دود پیش رفتند، ولی اثری از آبادی دیده نمیشد. بعد از طی مسافتی از دور شعله های آتش نمایان گشت، کمی که به

آتش نزدیکتر شدند، در کنار آن هیبت انسانی از دور نمایان گشت. اصغر و مش رحیم سرجایشان ایستادند، به اطراف نگاهی انداختند تا چشمشان می دید جز درخت درهم روئیده و سر به فلک کشیده چیزی نمایان نبود. کمی جلوتر رفتند به خوبی می توانستند سایه انسان تنومندی را روبروی آتش تشخیص دهند. محض احتیاط ایستادند مش رحیم رو به اصغر پرسید چه کسی ممکن است باشد .چقدر بدهیبت و درشت است پشت درختی ایستادند و با احتیاط تمام مشغول برانداز کردن شدند. کمی ترسیده بودند. میان جنگل تنها با آن قیافه که شبیه آدمیزاد نبود، چه کسی ممکن بود باشد .

اصغراز ترس تند تند بسم الله میگفت: مش رحیم هم وحشت تمام وجودش را گرفته بود. چند بسم الله گفت نفهمید کی اسلحه را به سمت او نشانه گرفته بود که نزدیک بود او را با تیر بزند. هنوز شلیک نکرده بود که یادش آمد به چه خاطر به این مکان آمده بودند. لوله اسلحه را کمی پائین آورد بعد هم دستش را از ماشه تفنگ برداشت. اصغر و مش رحیم محض احتیاط خودشان را کمی از پشت درخت بیرون آوردند و اسم مازیار را بلند صدا زدند. همین که یکی دو بار اسم مازیار را تکرار کردند، مرد جنگلی ازجایش برخواست وایستاد. خودش بود مازیار که با تعجب به پشت سر برگشته و نگاه می کرد. مازیار کسی را لابه لای درختان نمی دید، هوا هم تاریک شده بود و او نمی توانست آنها را ببیند. با صدای بلند جواب داد، من مازیارهستم، شما کی هستید که مرا صدا میزنید و اینجا چه می کنید. اصغر هنوز مطمئن نبود که مرد تنومند و قوی جسته جنگلی مازیار خودش باشد ولی برای آنکه تردیدش را نیفزاید جواب او را داد گفت: من اصغر هستم پدرت. مازیار در جواب اصغر گفت: پیش بیاید من مازیار هستم نترسید خودم هستم. اصغر و مش رحیم آرام آرام

نزدیک شدند، مازیار در اولین نظر پدرش را شناخت. اصغر همان چهره چند روز قبل را داشت، همان شبی که مازیار وارد خانه شده بود مازیار در اولین نگاه چهره اصغر را به جا آورد. اما مش رحیم را نمی شناخت.

اصغر اما نمی توانست باور کند که این مرد تنومند و ژولیده پسرش مازیار باشد. هاج و واج ایستاده بود. مازیار گامی پیش نهاد وآنها را فرا خواند و گفت: پیش بیا بابا من مازیار هستم تعجب نکن. اشتباه نشنیدید، بابا من مازیار هستم. نزدیک تر شدند اصغر بلا فاصله پسرش را سخت درآغوش کشید. اصغر تازه متوجه شده بود که مازیار را پیداکرده بودند. مازیار بود همان کسی که آرزوی دیدنش را داشت. با تمام وجود سر و روی مازیار را می بوسید و او را در آغوش می فشرد. اصغر چندین بار برای اطمینان چهره مازیار را زیر نور شعله های آتش به دقت برانداز کرد و مازیار هم اصغر را درآغوش گرفت رویش را بوسید. اصغر بعد مش رحیم را به او معرفی کرد و گفت: مش رحیم همسایه ما پدر هوشنگ دوست و همکلاسی قدیمیت است. مازیار مش رحیم را درآغوش گرفت و سر و رویش را بوسید و از او احوال پرسی کرد و برای زحمتش و همراهی پدرش قدردانی کرد. مش رحیم هم از دیدنش ابراز خوشحالی کرد. مازیار اصغر و مشرحیم را در کنار آتش نشاند و جویای احوال آنها شد و خوشحالی خود را از دیدن دوباره اصغر ابراز داشت. مازیار می گفت: که چقدر دلش می خواست که آنها را ببیند ولی به دلایلی نمی توانست طی این چند سال این کار را بکند .

اصغر هم از دیدار دوباره مازیار و زنده بودنش خوشحال بود و چندین بار خدا را شکر کرد و به مازیار گفت: نمی دانی چقدر خوشحالم. همیشه از خدا میخواستم تو را زنده

بیابم و از تو به خاطر رفتار گذشته ام که در حق تو و مادر خدا بیامرزت داشتم حلالیت بخواهم و بدانی من از گذشته و رفتار بدم پشیمانم و نمیدانی چقدر از دست دادن مادرت و تو برایم سخت بود. شما تنها تکیه گاه و امید من بودید که من قدر شما را ندانستم و همیشه برای از دست دادن شما خودم را سرزنش کردم وغمگین و افسرده بودم. اصغر به مازیارمی گفت: بعد از گم شدن تو ما تمام روستا و آبادیهای منطقه را به دنبال تو گشتیم حتی برای یافتن تو به شهر رفتم ولی دریغ از پیدا شدن تو . حتی اوایل به خاطر حرفهای که پیش دوست خودت هوشنگ میزدی و می گفتی که آرزوی زندگی در جنگل را داری آن را هم جدی گرفتم و به اتفاق اهالی ده ومش رحیم جنگل حوالی اطراف روستای خودمان را گشتیم، اثری از تو نیافتیم. مردم ده می گفتند پسری به سن و سال مازیار جرأت زندگی در جنگل را نخواهد داشت اگر هم خدای ناکرده وارد جنگل شده باشد، گرگها ناکارش کرده اند. سرت را درد نیاورم مازیارجان من پاک ناامید شدم تا این که چند روز گذشته که آمدی روستا و آن اتفاقات که خودت می دانی، اول فکر کردم شاید دزدی وارد خانه شده ولی بعد مطمئن شدم غیر تو کسی به قاب عکس گل بهار علاقه نخواهد داشت و حتماً مفقود شدن قاب عکس گل بهار باید به تو ربط داشته باشد، بعد هم که به همراه اکبر سر مزار مادرت رفته بودیم برسر مزار مادرت شاخه گلهای که گذاشته بودی دیدم شک مرا بیشتر به زنده بودنت امیدوار کرد و آمدنت به روستا باعث شد. بعد از یکی دو روز دیگر مطمئن شدم تو زنده هستی و به روستا برگشتی. و به یادگفته خودت افتادم باید در اعماق جنگل زندگی می کردی. وقتی متاسفانه پی به این موضوع بردم که هنوز مرا نبخشیده ای و از من آزرده خاطر هستی که در روستا نماندی .

مازیار من اکنون اینجا در کنارت ایستاده ام و از خدا سپاسگزارم که تو را بعد از سالهای رنج آور دوری به من برگردانده و نور امید را در دلم زنده کرده است. می دانم روح گلبهار به من استقامت داد و ما را راهنمایی کرده که به دنبالت تا اینجا بیائیم و پیدایت کنیم. مازیار پسرم نمی دانی چقدر خوشحالم که درکنار تو هستم. مرا به خاطرگذشته رنج آورم ببخش!

مازیار هم به خوبی این موضوع را درک می کرد و اوج شادی و خشنودی را در برق نگاه اصغر می دید. مازیار آنقدر از این اتفاق خوشحال بود اشک شوق در چشمانش حلقه شده بود. انگار سالها منتظر چنین اتفاقی بود. مش رحیم هم ازدیدن برخود عاطفی پسر و پدر درآنجا بعد سالها خوشحال وشگفت زده بود .

مازیار و اصغر در کنار هم و از یافتن ودیدن دوباره هم بی نهایت خشنود بودند .

مازیار تمام شب را برای اصغر حرف زد و چگونگی زندگی در جنگل و شرایط سخت سالهای اول زندگی و شرایط دشواری جنگل و رفع تمام موانع و مشکلات آن را شرح داد و نیز از زیبایی پنهان در اعماق جنگل با شور حال وصف ناشدنی تعریف کرد. اصغر ساعتها با اشتیاق به حرفهای مازیار گوش کرد و تمام اتفاقات گذشته و چند روز قبل را از زبان مازیار شنید .

اصغر گاهی خودش را به خاطر مصائبی که به سر پسرش گذشته بود مقصر می دید و گاهی هم از داشتن پسری به شجاعت مازیار غبطه میخورد .

اصغر زیر لب شکرگذار بود که مازیار در شرایط دشوار تهیه آذوقه دست به کارهای زشتی نمی زد و یا به انسانهای دیگر صدمه نرسانده بود و تمام کارهای بد خود را بدون نیت زشت تنها از روی ناچاری انجام داده بود و هم طی این سالها دچار

گرفتاری و ناخوشی نشده بود. از آن زخم کاری گراز جان بدر برده بود خدا را شکر کرد

اصغر آنقدر شیفته صحبت های گرم و دلنشین مازیار بود که خستگی و سستی چند روز راه پیمایی گذشته را فراموش کرده بود. برای اصغر مازیار دیگر مردی قوی و شجاع بود که طی چند سال در کوره حوادث مثل آهن تفتیده شده بود و رنج و سختی جنگل و طبیعت از او جوانی یل و قیور ساخته بود که به تنهایی توانسته بود از پس مشکلات برآید .

اصغر هم از ده و اهالی ده برای مازیار حرفها زد. مش رحیم هم گاهی باتکان سرحرفهای اصغر را تائید می کرد.

مازیار جست و گریخته چگونگی آمدنش به روستا و اتفاقات آنجا را برای اصغر گفت و ماجرای دیدن آن دختر زیبا را در آن باغ بزرگ برای آنها شرح داد. همچنین به اصغر گفت که چقدر می خواهد دوباره به روستا برگردد و تا بتواند دوباره او را ببیند .

اصغر به مازیار گفت: که آن باغی که در آن رفته بودی باغ کدخدا بود و به حتم آن دختر هم دختر یکی یک دانه کدخدا پری بود. مش رحیم هم گفته اصغر را تائید کرد و گفت: پری دختر یکی یک دانه مش رحمان است و به آسانی نمی توانی آن را به دست آوری. ولی منو پدرت به توکمک می کنیم و پری را برایت از کدخدا خواستگاری می کنیم . اصغر هم گفته های مش رحیم را تائید کرد.

اصغر به مازیار قول داد که تا جای ممکن به مازیار برای رسیدن به دختر کدخدا کمک خواهد کرد ولی باید خودش هم همت مردانه ای داشته باشد تا توجه کدخدا را جلب کند .

اصغر به خوبی می دانست آن چیزی که باعث برگشتن دوباره مازیار به ده می شود علاقه او به دختر کدخدا می باشد و چیزی که باعث یافتن دوباره مازیار شده بود قاب عکس گلبهار و روح گلبهار بود که در شرایط یأس و نا امیدی به داد اصغر رسید بود و عشق و علاقه یک فرزند به مادرش باعث پیدا کردن دوباره مازیار شده بود .

بعد از سالها دوباره گلبهار با عکس خود به اصغر کمک کرده بود و عشق مادرانه اش را به یاری اصغر فرستاده بود اصغر به خوبی می دانست تمام این اتفاقات خواست خدا بود. اصغر در دل برای روح گلبهار طلب رحمت کرد و آرزو کرد که روح گلبهار او را بخشیده باشد .

مازیار دیگر به خوبی اسم و رسم دختر مورد علاقه خود را می دانست. مازیار زیر لب چندین بار اسم پری را زمزمه کرد. صدای درعمق وجودش به او می گفت که دیگر نمی تواند در جنگل دوام بیاورد. پاسی از شب گذشته بود که اصغر ومش رحیم به علت خستگی چند روز راهپیمائی در جنگل به خواب رفتند و مازیار هم در افکار گوناگون خود در کنار آتش افروخته با ذهن خود در کلنجار بود .

اصغر آرام و مطمئن کنار آتش به خواب رفته بود و مازیار هم گاه گاهی به چهره آفتاب سوخته و خسته اصغر خیره خیره نگاه می کرد و تمام حوادث اتفاق افتاده چند سال گذشته و روزهای گذشته را در ذهن مرور کرد. مازیار انقدر ذهنش را مشغول افکار گوناگون کرده بود که نفهمید خواب چگونه او را به صبح رسانده بود .

با آواز پرندگان اصغر و مازیار و مش رحیم از خواب برخواستن و فرا رسیدن روز دیگر در جنگل را احساس کردند. بعد از کمی مازیار از جایش بلند شده و با سلام

گرمی محبت خود را تقدیم آنها کرد و از پدرش خواست تا برای شستن دست و صورت به کنار چشمه بروند. بین راه اصغر و مشرحیم از زیباییهای جنگل اطراف برای مازیار حرف میزدند و شگفت زده بودند که چگونه مازیار جایی به این زیبایی و بکر را پیدا کرده است .

اصغر وقتی به چشمه آب رسید بیشتر به زیبایی آن مکان پی برد و آن را بهترین جایی می دانست که در طول عمرش دیده بود. مش رحیم هم از زیبایی آنجا درشگفت بود وگفته های اصغر را تائید کرد. مازیار هم حرفهای آنها را تائید کرد و گفت به نظر من هم اینجا بهترین جای است که دیده بود. در این حوالی جایی به این زیبایی وجود ندارد. مازیار در برگشت کتری را پرآب کرده و چند تله کار گذاشته خود را خراب کرد تا در نبود او حیوانی در آن گیر نیفتد .

مازیار به اتفاق مش رحیم و اصغر صبحانه را با نان و پنیری که اصغر به همراه آورده بود و چای داغی که مازیار گذاشته بود به شادی و نشاط خوردند و اصغر از او خواست که به خانه برگردد و درکنار او و اکبر زندگی کند مش رحیم هم باگفتن این موضوع که باید زود تر برگردیم ممکن است در ده همه نگران ما شده باشند. از مازیار خواست که گذشته را فراموش کند و به اتفاق آنها به روستا برگردد. مازیار هم دلش می خواست هر چه زودتر به روستا برگردند تا بتواند دوباره دختر زیبای کدخدا را ببیند. اصغر از او خواست که زودتر به سمت روستا حرکت کنند تا در تاریکی شب در جنگل گیر نیفتند .

مازیار با لبخندی به او گفت: نگران نباش من تمام مسیرهای این جنگل را مثل کف دستم میشناسم برای من فرقی ندارد در شب حرکت کنم یا روز. موقع

برگشت میدانم شما را چگونه به روستا برسانم. مازیار به بالای درخت و کلبه اش رفت، کیسه ای برداشت و وسایل حرکتش را جمع کرد قاب عکس مادرش را که چند روز قبل برداشته بود در کیسه گذاشت، نگاهی با احساس به کلبه اش انداخت، از درخت پائین آمد. نگاهی با حسرت و افسوس به اطراف و تمام خاطرات بجا مانده در دل این جنگل انداخت وبه همراه اصغر ومش رحیم به سوی روستا و سرنوشت و آینده اش به راه افتاد. در بین راه اصغر برای مازیار از چند چون کارها و زندگی چند سال گذشته شان به همراه اکبر مفصلاً حرف زد .

از مرگ ننه بتول و تنها شدن پدر بزرگش مشهدی حسن و رفتن به پیشش گفت. مازیار از شنیدن خبر درگذشت مادر بزرگش افسرده شد و از این واقعه متاثر وجویای حال پدر بزرگش مشهدی حسن از پدرش شد که اصغر با بیان اینکه مشهدی خوب است ولی دیگر سنی از او گذشته و پیر و فرتود شده و توان گذشته را ندارد گفت: اکبر را به همین دلیل تابستانها به پیش او می فرستاده تا هم مواظب او باشد و هم کمک دست تنهایش باشد. مازیار از پدرش پرسید. آیا هنوز در دام داری علیمراد کارمی کند.

اصغر با بیان اینکه اتفاقا طی این چند سال توانسته درکارپیشرفت کند وبه عنوان سرکارگر در دام داری موقعیت کاری بهتری ازگذشته به دست آورده وهنوز درآنجا کار می کند وتوانسته در آمدش را زیادتر کند و هم نبود کسی برای هزینه کردن و عدم خرج خانه توانسته زمین باغی را در اطراف روستا خریداری کند و هم اکنون برای خودش هم باغ دارد وهم چند رأس گاو شیری خریده است، مازیار از شنیدن پیشرفت پدرش خوشحال شد و ابراز خوشنودی کرد، ولی اصغر زیرلب گفت: ای

کاش در زمان حیات گلبهار این چنین فرصتی داشت واین چنین امکانات زندگی تا می توانست، دل گلبهار را شاد کند. مازیار از مش رحیم جویای حال هوشنگ شد واز او پرسیدکه هوشنگ چه می کند؟ مش رحیم هم گفت: هوشنگ خوب است ومشغول تحصیل است .دیپلمش را گرفته و در شهر به دانشگاه می رود .مازیار آفرین هوشنگ پس دارد به آرزویش می رسد. بعد از دو روز پیاده روی در جنگل آنها به روستا نزدیک شدند

فصل ۲۰

اضطراب و تشویش، سراپای مازیار را فرا گرفته بود. شیش هفت سالی می شد که مازیار با کسی رو برو نشده بود و برایش هم جالب بود و هم سخت و دشوار، نمی دانست مردم از دیدنش چه واکنشی خواهند داشت چه خواهند گفت: تاب و تبی در دلش به راه افتاده بود، از دیدن روستایشان خوشحال بود، انگار دوباره متولد شده بود، تمام شور و شوق زندگی را هفته قبل اینجا جا گذاشته بود، احساس می کرد دوباره نیرو گرفته بود، هیجان زده و پر انرژی بود. دلش میخواست تنها لحظه ای پری را میدید. به باغهای اطراف روستا رسیده بودند. داخل روستا که شدن از کنار باغ بزرگ کدخدا رد شدند، مازیار از پدرش اجازه خواست تا وارد باغ شود و دراطراف گشتی بزند، شاید کسی را ببیند، که اصغر گفت: که بهتر است صبور باشد و از راه درست وارد شود. مش رحیم هم با تائیدحرف اصغرگفت دراین هنگام کسی درباغ کدخدا نیست تا اوبتواند آنها را ببیند. به شوخی گفت :عجله نکن شاید پری از توخوشش نیاید آنوقت کی رو می خوای ببینی مازیار را از این عمل منصرف کرد اصغر گفت: هرگز نباید برای رسیدن به هدف خود از بیراهه وارد شود، ممکن است همین اول کار کسی او را ببنید و به کدخدا خبردهد که او درحال چشم چرانی و گناه هست. آنوقت برای هر دو یمان گران تمام می شود، الخصوص تو مازیار پسرم. مش رحیم پدرت راست می گوید برای رسیدن به پری بهتراست از راه درستش وارد شوی . من به تو قول می دهم به اتفاق زنم صغری به پدرت کمک کنیم تا تورا به پری برسانیم ولی با عقل ومنطق باید پیش بروی وقول بده کار اشتباهی نکنی . مازیار به چشم قبوله. اصغر به مازیار قول داد در اولین زمان ممکن خودش راجب

این موضوع با کدخدا صحبت می کند و راهی برای رسیدن آن دو پیدا خواهد کرد آنها به اتفاق مازیار وارد روستا شدن . اهالی ده از دیدن اصغر ومش رحیم مرد غریبه تنومند همراهشان متعجب بودند، اصغر با صدای رسا و بلند فریاد زد آهای مردم تعجب نکنید این پسرم مازیار هست. زنده وسالم پیدایش کردیم. مش رحیم : مازیار برای خود مردی شده. اصغر: اون برای خودش به تنهایی درجنگل زندگی می کرد. مردی شده زنده شجاع سالم و بلند قامت و قوی ببینید ما باهم برگشتیم، مردم یکی یکی دور و بر آنها را می گرفتند، همه با تعجب و تحسین به مازیار نگاه می کردند و دست محبت به او می دادند و از زنده سالم بودنش ابراز شوق و شعف می کردند .هرکس برای خوش آمد او چیزی به زبان می آورد، خبر برگشتن اصغر ومش رحیم به همراه مازیار و زنده بودن مازیار در ده مثل توپ صدا کرده بود، همه برای دیدنشان آمده بودند، شادی و شعف در روستا موج میزد، برای اهالی روستا پیدا شدن وزنده بودن مازیار و برگشتنش به روستا شگفت آور بود .مازیار با هیجان به آنها سلام می کرد .هرکس چیزی می گفت :دستش را به گرمی می فشرد، آنها کودکی و بازیگوشی و شلوغی مازیار را به یاد داشتن طی چند سال مازیار برای خود مردی شده بود قد بلند درشت و تنومند ، مورد تحسین همه قرارمی گرفت . زندگی درجنگل به کلی او را تغییر داده بود .

بعد از چاق سلامتی و احوالپرسی باهمه مازیار ومش رحیم واصغر به طرف خانه به راه افتادند، هنوز کسانی به دنبالشان می آمدند .برای اهالی جالب بود که چگونه مازیار توانسته به تنهایی در جنگل زنده بماند و زندگی کند .

و این همه سال دوام بیاورد، دوستان و همکلاسی های سابقش از تنومندی و اندام ورزیده اش درشگفت بودند، برایشان سوال بود چگونه مازیارآنقدر بزرگ و تنومند شده است مازیار قوی هیکل و درشت شده بود یک سر و گردن از پسرهای هم سن و سالش درشت تر بود .مردان روستا شرایط سخت زندگی درجنگل و استقامت او درزندگی کردن در شرایط دشوار جنگل را موجب داشتن چنین هیکل درشت و قوی می دانستند .به نظرجوان های محل مازیار خیلی شجاع و صبور و قوی بوده که توانسته بود به تنهایی از پس سختیها و دشواریهای زندگی در جنگل سربلند بیرون بیاید .زنان و دوستان سابق مادرش هم شباهت زیاد چهره ی مازیار به مادرش را می ستودند، زیبایی و تنومندی مازیار از دید تیزبین دختران روستا هم به دور نبود و هرکس در دل او را تحسین می کرد .

صورت جذاب و چشم های نافذ و درشتش با ابروان کشیده و بلند با موهای مشکی از او جوانی برازنده و خوش چهره ساخته بود که دل هر دختر دم بختی را در روستا به لرزه می انداخت، ماه گل هم مثل تمام دخترهای روستا برای دیدن مازیار آمده بود وعلل خصوص که عمویش هم درپیداکردن مازیارنقش داشت . ماه گل در بین زنان داشت به مازیار نگاه می کرد، ماه گل چند وقتی بود که دل در گروه پسر عمویش داشت و آن دو همدیگر را با تمام وجود می خواستند، مازیار در بین اهالی به دنبال دیدن پری با آن روسری سفیدش بود .هرچه اطراف را نگاه می کرد خبری از او نبود،کسی با روسری سفید به چشم نمی آمد.پری نیامده بود، اصغر و مازیار به در خانه رسیدن و از مش رحیم جدا شدند اصغر از مش رحیم به خاطر همراهیش در یافتن مازیار تشکرکرد وگفت: انشا لله بتونم

۱۰۹

درعروسی هوشنگ جبران کنم. از او جدا شد و به همراه چند تن از اهالی و همسایگان که برای خوش آمدگویی به آنها آمده بودند وارد خانه شدند. اکبر از شنیدن هیاهوی مردم بیرون پرید.آنچه می دید برایش باورکردنی نبود.نمی دانست که پدرش با این همه جمعیت چرا به خانه آمده بود.و دیدن مازیار با آن قدوقامت درشت برایش باعث تعجب بود به درستی مازیار را به خاطر نمی آورد ولی حس کردکه این برادرش مازیار هست که به همراه پدرش به خانه برگشته است. مازیار اکبر را متعجب ایستاده بر ایوان دید به سمتش رفت با لحنی مهربان وگیرا صدایش کرد. اکبر: داداش مازیار توهستی بعدهم خودش رادرآغوش برادرش انداخت.هر دو برادر از دیدن هم غرق شادی وشعف بودند.سر و روی هم را می بوسیدند. اصغرداشت آنها را نگاه می کرد اشک تمام صورتش را خیس کرده بود .از دیدن درآغوش کشیدن پسرانش خدا را سپاس گذار بود .با شادی از مهمانانش می خواست که به اتاق بیایند تا از آنها پذیرای کند.

رفت آمدهای اهالی برای خیرمقدم و شادباش به اصغر و مازیار ادامه داشت دل در دل مازیار برای دیدن پری نبود .

اصغر به مازیار گفت :چند روزی را باید تحمل کند تا رفت و آمدها به خانه شان کم شود وتا کم شدن رفت آمداهالی به خانه شان صبرکند تا برای همه آمدنش جا بیفتد .آن وقت اوکمک خواهد کردتا مازیار بتواند خانواده کدخدا راببیند .

مازیار چاره ای جز صبر نداشت، مردم بعد آن همه سال او را زنده می دیدند چه حدس و گمانها که راجبش نزده بودند، چه حرفها که بعد گم شدنش درسرزبانها نیفتاده بود. حالا با حقیقت مازیار روبرو شدند، برایشان جالب بود تا بیشتر از

گذشته و چند سال قبل و چگونگی زندگی و کارهای او طی آن چند سال را بدانند و بپرسند. اهالی ده با کنجکاوی از مازیار راجب زندگیش دردل جنگل، خطراتش و چگونه زنده ماندنش می پرسیدند و مازیار با صبر و لبخند برایشان بارها و بارها تعریف میکرد. طی یکی دو روز مازیار چند و چون زندگیش در جنگل طرز شکارش وحیوانات وحشی جنگل برای اهالی روستا تعریف کرده بود و گاهی تا پاسی از شب مردمان با اشتیاق پای صحبت مازیار برای شنیدن داستان زندگیش در جنگل می نشستند، هر چه او تعریف می کرد اهالی مشتاق تر برای شنیدن حرفهای مازیار گوش فرا می دادند. مازیار تمام وقت مشغول توضیح دادن و تعریف کردن کارهای خودش بود. فرصت درست برایش پیش نیامده بود که استراحتی کند. بعد سه چهار روز رفت و آمدهای اهالی کمترشده بود، و مازیار هم فرصت استراحت برایش فراهم شد .

اصغر طبق قولش به مازیار در حال مساعد کردن شرایط برای گفتن موضوع با کدخدا بود ولی می دانست هنوز زود است که مستقیم وارد موضوع علاقه مازیار به پری بشود باید با صبر و حوصله تمام جوانب را بررسی میکرد و سر فرصت کاررا درست میکرد.

خبرآمدن مازیار به گوش تمام اهالی ده رسیده بود و حرفها و صحبتهای همه مازیار بود، کد خدا و خانواده اش هم از این امر بیخبر نبودند ولی آنها به رسم بزرگی نمی توانستند به دیدن اصغر و مازیار بروند، پری هم از پیدا شدن مازیار باخبر شده بود و از چند و چون آمدنش و شکل وظاهرش چیزهای جست وگریخته شنیده بود، با اشتیاق دلش می خواست مازیار را ببیند، ولی نمی توانست،

ماه گل دوست صمیمی پری هر ازگاهی بین روزها به دیدنش می آمد. ولی چندروزگذشته ماه گل وقت پیدا نکرده بود به دیدن پری برود .

ماه گل پس از چند روز به دیدن پری رفت،پری برای دیدن ماه گل لحظه شماری می کرد. وقتی ماه گل به خانه شان آمد به استقبالش رفت وبه گرمی از او استقبال کرد و از او علت غیبت چند روزه اش را جویا شد .آن دو با هم راجب همه چیز گفتگو کردند .ماه گل از همان زمانی که عاشق پسر عمویش شده بود موضوع را با پری در میان گذاشته بود و روزها و ماهها حرفشان در حول و هوش عشق آن دو چرخ می خورد، پری کسی از پسران روستا را قبول نداشت و اکثر پسران روستا را بی جربزه و بی جذبه می دانست. ونسبت به آنها کششی احساس نمی کرد . پری از مرد رویاهایش بارها برای ماه گل چیزهای را گفته بود . دوست داشت پسری را برای آینده اش انتخاب می کرد که از دیدنش دلش به لرزه بیفتد وقتی صدایش را می شنود تمام وجودش ازعشق لبریز شود .ماه گل اما او را زیادی خیالاتی و رویایی می پنداشت. ماه گل و پری ازسالهای دور باهم دوست بودند و با هم به مدرسه می رفتند.هر دوآخرین سال تحصیلی را درشهر گذرانده بودند و دیپلم گرفتند.دیگر قصد ادامه تحصیل نداشتن. ماه گل علاقه شدیدی به پری داشت وپری را مثل خواهرش می دانست.و دوستش داشت.ماه گل دو برادر بزرگتر از خود داشت که سالهای دور از روستایشان به شهر رفته بودند .وگاهی به دیدن پدر ومادرشان می آمدند و ماه گل هم گاهی به خانه آنها می رفت. برادرزادهایش هنوز بچه بودن. و او زیاد نمی توانست درخانه آنها خودش را سرگرم کند.ماه گل دو روزی به همراه پدر و مادرش به شهر خانه برادرانش رفته بود.و در روستا نبودکه به دیدن پری بیاید.

ماه گل پس از دیدن پری علت نبودنش را برایش توضیح داد.ماه گل ازپری پرسید که آیا توانسته مازیار را ازنزدیک ببیند .پری هم به او گفت: نه مگر این پسرچه فرقی با پسرهای دیگردارد. ماه گل گفت :پس نمی دانی مازیارچه پسری هست می دانم از این یکی حتما خوشت می آید خوش قیافه و چهارشانه و باوقار .ماه گل گفت:به اندازه دوتا داداشام درشت و قوی هیکله، چشماش سیاه و درشت و گیرا است، وقتی نگاه می کنه آدم با نگاهش ترس ورش می داره، گفتم شاید دیدیش پری با دیدنش حتما نظرت عوض می شه .ماه گل هرچه نظر دخترانه که به فکرش می آمد برای پری گفت. پری هر چه می شنید بیشتر کنجکاو می شد که خودش مازیار را ببنید .و بفهمد که او چه قیافه ای دارد .تا نمی دید دلش آرام نمی شد، تو فکر مازیار بود که ماه گل گفت :چی شد، ندیده عاشقش شدی که، پری با گفتن نه دیوانه این چه حرفیه من از کسی خوشم نمی یاد چه برسه به این که از تعریف تو عاشقش بشم، ماه گل با گفتن این موضوع که اکثر دخترهای ده نرگس وکوکب وبنفشه داشتن برای مازیاربال بال می زدند برعکس تو انگار اونا عاشق مازیارشدند ،حرفهای ماه گل حسادت پری را برانگیخت و اورا مصمم به دیدن مازیار کرد، پری برای چندلحظه به فکر فرو رفت .شاید مازیار با پسرهای که تاکنون جز خواستگارهایش بودند فرق داشت.شاید او بتواند مرد رویاهایش باشد .حرفهای ماه گل دلش را قلقلک داده بود او را به فکر فرو برد .

صدای مادرش مهربانو رشته افکار پری را پاره کرد با ورود مهربانو ماه گل از جایش بلند شد و با مهربانو سلام واحوالپرسی کرد .مهربانو برای پذیرای ازآنها چای وکیک دست پخت خودش را آورد. مهربانو از ماه گل جویای حال مادرش

سکینه خانم شد. وماه گل گفت: خوبه سلام رسوندند تازه ازخونه برادرام آمدیم مامان خسته بودمشغول استراحته من دلم برای پری تنگ شده بود طاقت نیاوردم آومدم به دیدن پری. مهربانو با لبخند به رویش گفت: کارخوبی کردی دخترم بعد هم بشقاب کیک وچای را روبرویشان قرار داد .مهربانو: ماه گل جان سلام منوبه مادرت برسان و از اتاق بیرون آمد.تا آنها باهم راحت باشند. پری وماه گل چند ساعتی باهم بودند.

بعد رفتن ماه گل پری در تنهایی اتاقش به حرفهای ماه گل فکر می کرد و تمام تعریفهای او از مازیار را در ذهنش مرور می کرد.پری به یادش آمده بودکه مازیار را چندین سال قبل که با داد و بی داد آمده بود خانه شان وسراغ گاوش را می گرفت دیده بود.و از یادآوری آن روزخنده اش گرفت که مازیار با دادوقال داشت تهدیدمی کرد .به یاد آخرین حرف ماه گل افتاد که دخترهای ده هم عاشق مازیار شده اند بیشتر او را واداشت که این بارهم او را ببیند .می دانست کسان دیگر راحت تر میتوانند مازیار را ببینند و ممکن بود که دل او را به دست بیاورند . پری بی خبر از همه نمی دانست که مازیار با تمام وجود دلش می خواهد او را ببیند.

فصل۲۱

مازیار در حال کشیدن نقشه برای دیدن پری بود چندین بار راجب موضوع دعوت از خانواده کدخدا با پدرش اصغر صحبت کرد و نظرش را جویا شد،، و اصغر هم در جواب مازیارگفته بود چشم بگذار چند روز بشود و فرصت مناسب پیش بیاید من خودم در فکر دعوت کدخدا و خانواده اش هستم .

اصغرمی خواست با یک تیر دو نشان بزند .در ذهنش بود که کاری برای مازیار در پیش کدخدا درست کند تابتواند دست مازیار را بند کند و هم با این کارمی توانست نظرکدخدا را به مازیار جلب کند . اصغر از چند هفته قبل فهمیده بودکه کارگر باغ کدخدا قصد رفتن دارد ، از مش غلام هنگام تحویل دادن اسلحه شکارش راجب آن پرسیده بود و دانست کارگر باغبانی کدخدا چند روزی است رفته است و کدخدا رحمان دنبال یک کارگر خوب می گشت که موفق نشده بود کسی را جای گذینش پیدا کند .

اصغر هر روزصبح کدخدا را هنگام رفتن به دامداری سرکارش می دید .و با هم سلام واحوالپرسی مختصری می کردند. ولی این بار کمی متفاوت تر از قبل بعد سلام ،کدخدا جویای حال مازیارشد و پیدا شدنش را به اصغر تبریک گفت: اصغرم ازکدخدا تشکرکرد. اصغر از فرصت به دست آمده استفاده کرد ازکدخدا دعوت کردکه به اتفاق خانواده نهاربه خانه آنها بیایند.اصغر به کدخدا گفت که مش رحیم هم با خانواده اش می آیند.اصغر رو به کدخدا خواهش کرد که رویش را زمین نزند و به خاطر مازیار هم که شده برای نهاربه خانه آنها بیایند.کدخدا قول نداد ولی قبول کرد که اگر مهربانو حرفی نداشت به خانه اش بیایند .کدخدا برای این

قول نداده بود دعوت اصغر را اجابت کند چون اصغر تنها بود وجز پسرش کسی در خانه نداشت که برای آشپزی و رخت و فتخ خانه کمک دستش باشد. ولی با اصرار اصغر دلش نیامد که دعوتش را رد کند. کدخدا قبول دعوت اصغررا منوط به پذیرش همسرش مهربانو کرده بود که درصورت قبول خانواده خبر آمدنشان را به اصغر اطلاع خواهد داد. از اصغر خداحافظی کرد .

اصغر می دانست که کدخدا احترام خاصی برای خانواده خود و همسرش قائل بود و تا جای ممکن بدون مشورت و نظر آنها جشن یا مهمانی را قبول نمی کرد. در هر صورت باید منتظرخبر آمدن آنها صبر می کرد و منتظر جواب آنها می ماند . می دانست با بودن مش رحیم وخانواده اش امکان رد دعوتش توسط کدخد ا و مهربانوکم بود .

مازیار برای دیدن پری لحظه شماری می کرد، پس از بازگشت اصغر از دامداری، اصغر مازیار را از دعوت به نهار کدخدا و خانواده اش باخبر کرد و ضمن گفتن این موضوع که کدخدا آمدنشان را منوط به قبول آن از طرف مهربانو اعلام داشته، گفت باید منتظر خبر آمدنشان باشیم، درضمن باید از مش رحیم هم دعوت کنم برای نهارآن روز بیایند. اصغر داشت مقدمات مهمانی را محیا می کرد، شیر تازه از دامهایش دوشیده بود و آن را جوشاند و بعد ازکمی خنک شدن ماست را خوابانده بود تا آماده شود، ازننه خاور آشپز روستا خواهش کرد برای درست کردن نهار به اوکمک کند.ننه خاورهم قبول کرد که درصورت حتمی شدن مهمانی صبح آن روز خبرش را به او بدهد. اصغر مرغ و اردک که در حیاط خانه پرورش می داد را کشت و مشغول تمیز کردن، آنها شد، بعد مرگ گل بهار اکثر کارهای خانه را

خودش انجام می داد.یاد گرفته بود، برای خودش و اکبر مرغ و جوجه بزرگ می کرد، از همه نوع مرغ و تخم مرغ خودکفا شده بود و زمانی که کسی پیششان مهمانی می آمد ازحیاط خانه مرغی را می گرفت و می کشت و شام و نهار تهیه می دید .برای تهیه نهار دعوتی هم اصغرطبق معمول گوشت ومرغ را ازحیاط خودش تهیه می دید و مازیار هم در تمیز کردن مرغ و اردک به کمک پدرش آمده بودوباهم مشغول تمیزکردن شدند، مازیار می خواست، تا جای ممکن کمک حال پدرش باشد .مازیار بارها این چنین کارها را در جنگل با تمیز کردن پرندگان و حیوانات شکارشده اش کرد بود، مازیار به خوبی تمیزکردن مرغها را انجام داده بود و بلد بود چگونه این کار را انجام دهد مازیار از بچه گیش این کارها را از دست مادرش گل بهار دیده بود و درجنگل هم خودش بارها انجام داده بود . اصغر و مازیار کارهای اولیه را انجام دادند و مرغ و اردک را برای تهیه نهار آماده کردند .اصغر برای دعوت مش رحیم خودش به دم درخانه آنها رفت. وموضوع مهمانی نهار و دعوت از خانواده کدخدا را برای مش رحیم وصغری خانم گفت:مش رحیم هم باقبول دعوتش به اصغرگفت : صغری را می فرستد بیاید تا کارها را آماده کند. اصغر از او تشکرکرد وگفت: راستش باعث زحمت صغری خانم نمی شوم من به ننه خاور آشپز گفتم برای تهیه غذای بیاید. ولی اگرصغرا خانم زحمتش نیست کنارش باشد و بگوید چه تهیه کند. مش رحیم گفت: به چشم اصغر از اوخداحافظی کرد و به خانه برگشت.

اصغر شوق و ذوق مازیار را برای دیدن پری را می دید و در دل امیدوار بود که کدخدا و همسرش، دعوت نهار فردایشان را قبول کنند، می دانست مازیار جوان است و دلش هوای دیدن پری را دارد و اگر او نتواند راه عاقلانه ای را برای

رسیدن آن دوپیش پای مازیار بگذارد ممکن بود مازیار از راه اشتباه بخواهد پری را ببیند و باعث بیحرمتی او و خودش بشودم .مثل همان اتفاق شوم و زجرآور عاشقی خودش که جز بدبختی ودرد ورنج چیزی برایش به یادگار نماند بود.

کدخدا رحمان بعد از نماز به خانه آمده بود هنگام نهار موضوع دعوت اصغرآقا را با همسرش در میان نهاد، مهربانو گفت :راستش من که مخالف نیستم، هر چه شما صلاح بدانید من حرفی ندارم ولی اصغر بعد مرگ زنش گل بهارخانم دست تنهاست فکر نمی کنی برایش دشوار باشد. من تو با هم می رویم فکر نکنم پری بیاید مهربانو باید از او بپرسم، من که هرجا می رم نمی آید،پری تنها جای که می رفت خانه برادرش بود، مهربانو فکر می کرد این بارهم مثل روزهای گذشته پری علاقه ای به مهمانی آمدن نداشته باشد . پری، غیر از خانه برادرش جایی برای مهمانی به همراه خانواده اش نمی رفت مگر گاهی برای دیدن دوستش ماه گل آنهم بین روز به خانه آنها می رفت . مهربانو بعد نهار از پری راجب مهمانی نهار فردای اصغرآقا از او نظر خواست . مهربانو روبه پری گفت : اصغرآقا نهار فردا از ما دعوت کرده به خانه آنها برویم، من که به پدرت گفتم مانعی ندارد، نظر تو چیست با ما می آیی، یا نه دوست نداری خانه می مانی، مهربانو هر طور دوست داری تصمیمت را بگو، پری نخواست همین اول کار دستش را پیش مادرش رو کندگفت :مامان در خانه آنها زنی نیست تا با او هم صحبت وهم کلام شوم سختم است تازه بیایم که چی پسر فراریش مازیار را ببینیم، مگر من آدم ندیدم، چند وقت دیگه تو ده میبینمش . مهربانو اتفاقا صغری خانم زن عمو ماه گل و مش رحیم و دخترشان سوگل وهوشنگ پسرشان هم می آیند. پری ای کاش ماه گل هم می آمد .مهربانو خواست تا کمی آتش دخترش

را کم کند گفت : من نگفتم برای دیدن کسی همراه ما بیایی گفتم شاید کنجکاو باشی درجمع مثل آدمهای دیگه این روستا بخواهی تا پسر اصغرآقا را ببینی، شنیدم پسری عجیبی است . شایدم پسر خوبی باشه تازه اصغرآقا به احترام پدرت از ما دعوت کرده احترام گذاشته، اگر نمی یای این حرفها را چرا میزنی، پری کمی این پا و آن پا کرد، گفت حالا چون شما اصرار می کنید و دوست دارید تنهایی نرید می خواین من همراه شما باشم با اینکه زیاد دلم نمی خواد باشه میام، بعد هم با ناز و کرشمه از آشپزخانه رفت بیرون مهربانو زیر لب گفت: از دست تو دختر مشغول کارش شد .

مهربانو عصری موقع دادن چای به کدخدا رحمان موافقت خودش را به همراه پری اعلام کرد .کدخدا کمی تعجب کرد سابقه نداشت پری همراهشان توی ده جایی برای مهمان بیاد .مهربانو گفت :چون خانواده مش رحیم و دخترش سوگل هست قبول کرد بیاید. ولی می دانست اکثر اهالی ده کنجکاو هستند تا مازیار جنگلی را ببینند. پیش خودش گفت : دخترم هم مثل بقیه شایدکنجکاو دیدن مازیار باشد. می دانست پری دیگه بزرگ شده و عاقل و فهمیده است و کدخدا رو به مهربانو، پس برای نهار فردا آماده باشید که برویم خانه اصغرآقا من هم می رم به یکی بسپارم که به اصغرآقا خبر بده ما برای مهمانی فردا می آیم .

طبق قول کدخدا از طرفش کسی را فرستاده بود و خبر آمدنشان را به اصغرآقا مبنی بر قبول دعوت مهمانی نهار فردا را رساند .

اصغر بعد شنیدن قبول دعوتش از طرف کدخدا و خانوادهاش بسیار خشنود و شاد شد، نفس راحتی کشید .

شب هنگام بعد از برگشت از دامداری موقع شام خبر آمدن کدخدا و خانوادهاش را به اطلاع مازیار رساند و گفت که کدخدا به همراه خانواده اش می آیند. مش رحیم وخانواده اش هم قبول کردند برای نهار فردا بیایند.مازیار با شنیدن خبر آمدن کدخدا و خانواداش، دل تو دلش بند نبود برق شادی از چشمانش زبانه می کشید، از پدرش تشکر کرد . در خانه کد خدا پری به اتاقش برگشته بود، از خوشحالی دیدن مازیار سر از پا نمی شناخت گونهایش گل انداخته بودند، شنیدن خبر دعوت اصغر پدر مازیار برایش شیرین بود، الکی نقشه کشیده بود که مازیار را ببنید و حالا یک دفعه همه چیز داشت درست می شد، می توانست به راحتی مازیار را ببیند، تمام حرفهای ماه گل توی کله اش به سرعت به یادش آمدند، چقدر خوب شده دیگه می توانم از نزدیک مازیار را ببینم تا مطمئن شوم لیاقتش چقدر است، آیا ارزش آن همه تعریف را داره یا نه پری داشت توی رویایش نقشه های می کشید و از این اتفاق شاد بود بعد شام پری به اتاقش رفته بود و در حال کلنجار رفتن با افکارهای گوناگونش به خواب رفت، نفهمید کی صبح شد، صدای آواز خروس و سر و صدای کارگرها و پدرش را می شنید که بلند بلند حرف می زدند، رفت تا دست و رویش را بشوید، مادرش مهربانو را دید سلامی کرد و مهربانو به گرمی سلام دخترش را پاسخ داد وگفت: صبحانه آماده است .دست وصورتت را شستی بیا صبحانه بخوریم .

پری از وقتی که بیدارشده بود احساس جالب و روحیه شادی داشت .به نظرش روزی جالبی پیش روداشت .مازیار هم شب را با رویاهای گوناگون و افکاری مختلف به صبح رسانده بود، بشاش و سرحال از جای برخواست، چای نوشید و

لقمه ای غذا خورد. کسی خانه نبود. خودش مشغول تمیز کردن و گردگیری اتاق شد .

اصغر مقداری آلوچه و تمشک از باغ کند و برای پذیرایی آماده کرده بود، رفته بود دنبال ننه خاور تا او برای تهیه نهار وآشپزی بیایید. باید برای کندن گوجه و خیار تازه هم به باغ می رفت ، به اندازه کافی میوه در خانه داشت تا از مهمانانش پذیرایی کند، مرغ و اردک و پختن برنج را ننه خاور شروع کرده بود. صغری خانم هم برای کمک آمده بود .صغری خانم، با جان و دل قبول کرده بود، بعد مرگ گل بهار همیشه تا جای ممکن به فرزندانش کمک می کرد، گل بهار قبل مرگش، بارها از صغری خانم، خواسته بود که مواظب مازیار و اکبر باشد، و آن دو را به دستش سپرده بود تا جای که میتواند هوای کار آنها را داشته باشد، صغری خانم هم بعد مرگ گل بهار طی سالها از هیچ کمکی درحق آنها کوتاهی نکرده بود. صغری خانم به بچه های گلبهار مثل بچه های خودش محبت می کرد .

ننه خاور به کمک صغری خانم، قبل آمدن خانواده کدخدا برنج و مرغ و اردک را پختند و آماده کرد وننه خاور بقیه کارها را به صغری خانم سپرد و رفت.صغری خانم به مازیار سفارش کرد که مواظب باشد که زغال زیر دیگها زیاد شعله نگیرد.تا او بتواند برای آماده شدن به خانه برود و همراه سوگل وهوشنگ بیاید. مازیار هم با گفتن چشم، به صغری خانم و از زحمتی که برایشان کشید تشکر کرد وگفت تا آمد نشان مواظب غذا هست .

هنوز ظهر نشده بود، اصغر و مازیار اکثر کارهای خانه را برای پذیرای رسیده بودند، مانده بود تا کدخدا و خانوادهاش ومش رحیم وخانوادش بیایند. اکبر هنوز از

مدرسه نیامده بود . مازیار سر از پا نمی شناخت. اصغر از مازیار خواست تا مواظب رفتارش در مقابل مهمانانشان به خصوص کدخدا و خانواده اش باشد تا موجب ناراحتی آنها نشود و هم موجب پشیمانی و مشکلات آینده برای خودش طوری رفتار نکندکه دختر مش رحیم احساس سرخوردگی از این مهمانی بکند، اصغر رو به مازیار گفت : تا جای ممکن سعی بکند از توجه زیاد به پری خودداری بکند، و سنگین و باوقار رفتار بکند . مازیار با گفتن چشم حرفهای اصغر را تائید کرد و قول داد مواظب رفتارش باشد، و باعث شرمندگی نشود . درخانه به صدا درآمد مش رحیم وخانواده اش آمده بودن. مازیار و اصغر به استقبال آنها رفتند. مازیار و اصغر به گرمی دست مش رحیم و هوشنگ را فشردند به آنها خوش آمدگفتند بعد سلام واحوالپرسی از سوگل وصغری خانم و خوشامدگویی به آنها به داخل خانه دعوت شان کردند.مازیار ازدیدن دوباره هوشنگ خوشحال بود. دیدار دوباره یاد وخاطرات بچگیشان را زنده کرده بود. آنها از اوضاع احوال کنونی هم می پرسیدند . و از دیدن هم خوشحال بودند. دره حیاط خانه دوباره به صدا درآمده بود .و اصغر برای چاق سلامتی دعوت مهمانان به داخل خانه بلندشد مازیار هم به احترام مهمانان به همراه او رفت

صدای کدخدا با گفتن یاالله آمدنشان را به اطلاع اهل خانه رسانده بود . اصغر با عجله پیش رفت و از مهمانهایشان استقبال کرد و با تعارف آن ها را دعوت به آمدن به خانه کرد مازیار هم پیش رفت و به احترام سلام کرد روی کدخدا را بوسید کدخدا هم او را در آغوش کشید و سلام گرم او را پاسخ داد مازیار به مهربانو هم سلام کرد و به گرمی از او احوالپرسی کرد بعد هم با نگاهی محبت آمیز و با حجب و احترام به پری سلام کرد، از دیدنش ابراز خوش بختی کرد

پری هم به او سلام کرد به خوشامدگوی او پاسخ داد. اصغر آنها را دعوت به آمدن در خانه کرد، و بعد از آنها وارد اتاق شد، بعد ازسلام و چاق سلامتی کدخدا و مش رحیم و خانوادهایشان نشستن کدخدا ومشرحیم و صغری خانم مهربانو پری و سوگل کنارهم نشستند. اصغر و مازیارهم در مقابل آنها کنار هوشنگ نزدیک دراتاق نشستند. کدخدا رو به اصغر پس آقا مازیارما این شازده پسر بودکه ما گاو سیاهش را کشتیم خدا ببخشد برات این مازیار پسر با ادب و فهمیده ای است، که مطمئنن مارا بخاطر کار گذشته مان بخشیدٰه اصغر اختیار دارید. بچه گی بود و آرزوهای کودکی که با بزرگ شدن از یادش رفته است.مازیار هم لبخندی زد وگفت حقیقت دارد آن وقتها من گاوسیاه را خیلی دوست داشتم. علاقه های بچگیم بود که همیشه برای هوشنگ تعریف می کردم . هوشنگ هم گفته او را تائید کرد گفت: یادش بخیر همیشه مازیار ما را با داستانهای گاوسیاه سرگرم می کرد.

مازیار برای پذیرایی از مهمانان و آوردن چای به آشپرخانه رفته بود چای بالای سماور زغالی، آماده و دم کرده بود، چند استکان و نلبکی برداشت و چای را در آن ریخت و قندان را در سینی گذاشت و به اتاق بازگشت سینی چای را در مقابل کدخدا ومش رحیم گرفت و تعارف کرد، کدخدا نگاه محبت آمیزی کرد و استکان چای را برداشت، مش رحیم هم با گفتن داماد بشی از مازیار تشکرکرد . بعد هم سینی چای را مقابل مهربانو وصغری خانم گرفت تا آنها چای بردارند و بعد هم سینی چای را در مقابل پری و سوگل گرفت آنها هم هر یک چای برداشتن و به دوستش هوشنگ چای تعارف کرد و برای اصغر پدرش چای گذاشت و آخر سر برای اکبر و خودش و در کنار پدر نشست . تا نهار کمی وقت داشتن، کدخدا رو

به مازیار کرد و از سختی زندگی در جنگل پرسید. مازیار شرح وقایع را از اول و چگونگی رفتن از زمانی که گاو دوست داشتنیش در عروسی پسر کدخدا کشته شده بود آغاز کرد و کدخدا هم با ابراز تأسف گفت هرگز فکر نمی کرد آن گاو سیاه برای مازیار آنقدر مهم باشد که بخواهد از ده برود. مازیار گفت : آن زمان من بچه ای خام و ناپخته بودم و درک درستی از زندگی نداشتم و دیر یا زود آن گاو کشته میشد .

کدخدا لبخندی به رویش زد، مازیار پس شرح وقایع زندگیش را در اعماق جنگل و چگونگی زندگی در دل جنگل را برای کدخدا ومش رحیم و همه خانواده شان خلاصه وار شرح داد آنچه او از جنگل و اتفاقات آنجا و شب و روزهای زندگی در آنجا می گفت کدخدا ومشرحیم مهربانو و صغری خانم و پری وسوگل وهوشنگ و اکبر برادرش با دقت گوش می دادند وآنها جذب شنیدن ماجراهای مازیار شده بودند .و با تحسین به او نگاه می کردند .

ساعت از ظهر گذشته بود و همه غرق شنیدن حرفهای مازیار بودند، اصغر میان حرفهای مازیار آمد گفت :مازیار پسرم بهتر است ادامه ماجرا را بعد نهار تعریف کنی! صغری خانم برای کشیدن برنج در دیس بلند شد مهربانو هم برای کمک به آشپزخانه آمد.مازیار سفره نهار را پهن کرد و اکبر ظرفهای نهار را پخش کرد و مازیار تونگ آب را روی سفر گذاشت واکبر قاشق و لیوانها را آورد. هوشنگ هم برای کمک ظرفهای خورشت را روی سفره پخش کرد . پری وسوگل هم برای کمک به مادرشان به آشپزخانه آمدند.مهربانو دیس پلو را به دست آنها داد و گفت شما دخترها برید سر سفر بنشینید. مازیار دیس مرغ و اردک سرخ شده را روی

سفره گذاشت .مهربانو و صغری خانم هم برای خوردن نهار کنار سفر نشستند. با تعارف اصغر به کدخدا و مشرحیم همه مشغول خوردن نهار شدند .مازیار سالها بود غذایی به این خوبی نخورده بود، گاهی سرش را بلند می کرد و نیم نگاهی به پری می انداخت ، و از بودن درکنار آنها شادمان بود . پدرش اصغر به قولش برای دعوت کدخدا عمل کرد. مازیار از بودن درجمع صمیمی شان لذت می برد.

پری به آرامی مشغول خوردن غذا بود، عادت داشت موقع خوردن غذا همه را نگاه کند و لبخند ملیحی به رویشان بزند، کدخدا شیفته لبخند دختر عزیزش بود و همیشه هر چند لقمه نگاهی به طرف پری می انداخت، تا شاید دختر عزیزش لبخندی نثارش کند و او لذت ببرد . سوگل از بودن درکنار پری خوشحال بود وتند تند به او خورشت تعارف می کرد .

اصغر با هیجان به همه تعارف میکرد و از کدخدا و مشرحیم می خواست بیشتر برنج بردارند . مهربانو و صغری خانم از اصغر برای تهیه آن همه غذا تشکر می کردند. اصغر اما تقاضا میکرد تعارف نکنند، برنج بیشتری برای خود و بچه ها بکشند. می گفت: باعث افتخار ما شدید که به خانه ما آمدید . خانه را از وجودتان روشن کرده اید. بعد مرگ گل بهار چراغ این خانه از رونق افتاده بود، اصغر می دانست که اگر امروز مازیار دوباره در کنارش هست و میتواند به داشتنش افتخار کند، بخاطر وجود پری است که مازیار او را دیده بود و دل در گرو قد و بالای پری داده بود، همین هم برای اصغر نعمت بزرگی بود، که خداوند به خاطر گلبهار نصیبش کرده بود. صغری خانم خدا گلبهار خانم را بیامورزد. زن خوب و زحمت کشی بود. مشرحیم وکدخدا خدا رحمتش کند. مهربانو جاش

بهشت باشه. خوردن نهار تمام شد هرکس برای تشکر چیزی گفت: مازیار و اکبر بلند شدند سفره را تند جمع کردند. ظرفهای کثیف را کنار حوض گذاشتند مازیار برای آنکه کسی ظرفها را نشوئید خودش نشست ومشغول شستن ظرفها شد. عادت کرده بود کارها راخودش انجام دهد.صغری خانم و مهربانو آمدند تا ظرفها را بشویند ولی مازیار از آنها خواهش کرد. به اتاق برگردند و اجازه بدهندظرفها را خودش بشوید . صغری خانم آخر بد است تو ظرف بشویی ما نگاهت کنیم. مازیار اتفاقا برایم لذت بخش وخوشایند است . سوگل و پری هم روی ایوان نشستن وظرف شستن مازیار و تماشا می کردند. مازیار در ذهنش افکار گوناگون به راه افتاده بود، نمی دانست که پری راجب او چه فکر خواهد کرد، آیا ممکن بود او را دوست داشته باشد. می توانست او را به دست بیاورد پری راضی می شد او را قبول کند .ولی مازیار از اتفاقات پیش رو خوشحال بود .

در اطراف حیاط و باغچه، گلهای رز سفید زیبا خود نمایی می کردندکه سالهاپش گل بهار با دستهای خودش آنها را کاشته بود، شکوفه های گل رز دل هرعلاقه مندی را به سمت خودش جذب می کرد . حیاط خانه با گلهای رز، جلو و زیبایی خاصی پیداکرده بود. اصغر برای کدخدا و مش رحیم قلیانی آماده کرد و چای برایشان می ریخت و مشغول گفتگو بودند .از کار و باغ و دام پروری حرفها زدند، مش رحیم گفتگو آنها را به سمت آینده مازیار سوق داد، تا اصغر بتواند دست مازیار را پیش کدخدا بندکند. اصغر راستش از شما چه پنهان من باید مازیار را جایی مشغول کنم تا دوباره فکر رفتن به سرش نزند. کدخدا رحمان مش اصغر من چند روز هست دنبال کسی هستم تا جای کارگر باغم مشغول به کارشود چه کسی بهتر از مازیار اگر تو قبول داری بیاید نزد من کارکند . اگر صلاح میداند

مازیار را در باغ خود مشغول کنم و کارهایی آنجا را به او بدهم . اصغر نگاهی به مش رحیم کرد. مش رحیم هم گفت: پیشنهاد خوبی است هم تو خیالت از بابت مازیار راحت می شود و هم کدخدا کسی را برای رتق وفتق کارهای باغش پیدا کرده است. مازیار پسری قوی بنیه است، به خوبی از پس کارها بر می آید. کدخدا بعد از رفتن کارگر باغ و نبود پسرش درکنارش دست تنها شده بود و نیاز به کارگر تازه داشت، اصغر وقتی دید کدخدا چنین پیشنهادی داده است فرصت را غنیمت دانست و قبول کرد مازیار در کارهای باغبانی و مزرعه کمک دست کدخدا شود . کدخدا از فردا بیاید و در باغ من کارش را شروع کند، اصغر رو به کدخدا باعث افتخار است خیالم را از بابت این پسر راحت کردی کنار دست شما کارکند من از آینده اش مطمئن ترم .

مازیار مشغول شستن ظرف بود، مهربانو و صغری خانم و پری و سوگل هم در حیاط مشغول تماشای گلهای زیبای رز بودند، مهربانو با گفتن خدا بیامرزد گل بهار را که این همه سلیقه داشت و این چنین گلهای زیبا و باغچه قشنگ را بجا گذاشت، پری خیلی قشنگ شده است . مازیار ظرفها را شست، به آشپزخانه برد، برای هوشنگ و مش رحیم و کدخدا و پدرش میوه گذاشت . برای مهربانو و صغری خانم و پری و سوگل چای ریخت و برایشان به ایوان برد .ظرف میوه را هم به ایوان آورد.

بعد هم به کنار هوشنگ برگشت و نشست و مشغول گوش دادن به آنها شد .

پری و سوگل در حیاط مشغول قدم زدن بودن و گلها را بو می کردند . پری فکرش مشغول مازیار و رفتارش بود در آن هنگام که ماجرا های رفتن و زندگی

در جنگل را تعریف می کرد . زمانی که مازیار گرم تعریف ماجرا های خودش بود او به دقت به مازیار نگاه می کرد و قیافه و چهره اش را خوب بر انداز کرده بود، آنچه ماه گل به او گفته بود حقیقت داشت مازیار پسری خوش قیافه و با وقار بود، چشم های درشت و صورتی سبزه گون مردانه ای داشت که او را خوش قیافه و جذاب کرده بود و موهای مشکی به وقار و ابهت چهره اش افزوده بود . نگاهش گیرا و دل نشین بود لبخندش گونه هایش را در صورتش زیبا می کرد، پری هر چه بیشتر نگاه می کرد بیشتر شیفته و دل باخته مازیار میشد .

طوری وانمود می کرد که دارد با جان دل به ماجراهای مازیار گوش میدهد ولی او داشت بیشتر به مازیار دل می باخت و بیشتر شیفته شنیدن و دیدن مازیار می شد .پری پیش خودش می گفت :چه می شد مازیار هم منو دوست داشت و احساس قلبی مرا می دانست. در آن لحظه که پری دید سوگل هم همچو او داشت به مازیار نگاه می کرد. و لبخند می زند بیشتر مصمم شد تا مازیار را بدست آورد.

پری در این افکار در حال قدم زدن بود، مازیار هم با گوشه نگاهی او را در حیاط می پایید، برای مازیار داشتن پری مثل رویا شیرین و دوست داشتنی بود، از دیدن پری در حیاط خانه غرق در شادی و شور بود، هوشنگ چه شده یاد چه افتادی لبخند می زنی مازیار چیز خاصی نیست یاد زندگی در جنگل و تنهایی آنجا و چرخش نود درجه ای روزگار و دل بریدن از آنجا افتادم . مازیار نخواست هوشنگ به احساس قلبیش پی ببرد. چنان با دل باختگی و شوق در حال نگاه کردن به پری می شد که یادش می رفت که در کنار هوشنگ نشسته، می دانست باید

۱۲۸

جنبه ادب و نزاکت را رعایت کند .برای همین سعی میکرد زیاد رویش را به سمت پری نکند که سوگل و بقیه متوجه رفتارش بشوند .

پری توجه اش به اتاق نبود نمی دانست که مازیار در حال نگاه کردنش است، ولی سوگل متوجه نگاه مازیار به پری شده بود. زیر نور خورشید، صورت سبزه و سفید و گونه های زیبای پری می درخشید و زیبایش را دوچندان کرده بود، چقدر اسمش برازنده اش بود حق داشتن چنین اسمی را برایش انتخاب کرده بودند .

با وقار و زیبا روی بود مازیار غرق در افکار و رویاهای گوناگون داشت دل باخته و دل باخته تر میشد، روحش در کنار پری در حال قدم زدن بود جسمش در اتاق نشسته بود .

آنچنان غرق در نگاه کردن و افکار گوناگون بود که اصلاً متوجه سوال هوشنگ نشد، که از او چند بار پرسید برای آینده ات چه برنامه ای داری . هوشنگ لبخندی به رویش زد و تکانی به دستایش داد کجایی مازیار، برای آنکه زیاد مازیار را ضایع نکند، دستی به شانه مازیار گذاشت و حواسش را به اتاق جمع کرد.

مازیار تازه فهمید که اصلاً حواسش نبود که، کجا نشسته است . مازیار لبخندی به هوشنگ زد و گفت: شرمنده متوجه حرفت نشدم هوشنگ پرسیدم برای آینده چه تصمیمی داری مازیار فعلا تصمیم خاصی نگرفتم. ولی اگه بخوام اینجا بمانم بایدکارکنم. توچی هوشنگ از مش رحیم شنیدم دانشگاه می ری. آره دومین سال دانشگاهم هست قصد دارم دام پزشک بشم برگردم. مازیار آفرین به تو که سر حرفت بودی. هوشنگ تو هم خلاصه حرفت را سبز کردی کم با اراده نیستی

مازیار سری تکون دادگفت: ای کاش درسمو می خوندم. شاید مادرم الان زنده بود. هوشنگ خدا بیامرزد مادرت را قسمتش این بود. تو باعث مرگش نبودی خودت را سرزنش نکن. مازیار ولی من مرگش را شتاب دادم امیدش و نا امیدکردم خیلی دوست داشت من دکتر بشم. ولی من پی همه چیز بودم جز درس .هوشنگ شرایط اون زمان زندگیت باعثش بود تو مقصر نبودی.کدخدا رحمان از جایش بند شد و به مهربانو اشاره کرد و گفت بهتر است دیگر ما رفع زحمت کنیم بعد هم رو به اصغرگفت اصغر آقا خیلی تو زحمت افتادی از مهمان نوازیت ممنون انشاالله عروسی مازیار ما دیگه می رویم بعد هم با مش رحیم و هوشنگ ومازیار دست داد. با همه خداحافظی کردند و رفتن مش رحیم و هوشنگ و صغری خانم و سوگل از آنها خداحافظی کردند و رفتن .

مازیار از پدرش بخاطر دعوت از کدخدا و خانواده اش تشکر کرد و گفت دیدی بابا چقدر پری دختر با وقاری است من حق داشتم به او دل باختم، واقعاً خوش قد و بالاست، بنظرت از من خوشش میاد، اصغر خدا بزرگ است مازیار انشاالله کارها درست میشود.حالا که کدخدا خودش خواسته تو پیشش کارکنی می تونی خودت را تو دلش جا کنی مازیار واقعا کدخدا قبول کرد که من برایش کارکنم چه خوب بابا دستت درد نکنه اصغر ولی مازیار پسرم یادت باشد که هنگام کار در باغ کدخدا کار اشتباهی نکنی که آبرو ریزی بشه نتونیم پیش کدخدا سر بلند کنیم، تو لیاقت خود را به کدخدا نشون بده من دخترش را برات خواستگاری میکنم ولی الان بهتر است صبر و تحمل داشته باشی تا سر فرصت مناسب باشه پسرم .مازیار چشم، حتماً .

بعد آن روز مازیار مشغول کار در باغ کدخدا شد از آن روز مازیار گذری با پری روبرو می شد. برای مازیار یک لحظه در نزدیک پری بودن یک دنیا می ارزید، زندگی در ده و کار در باغ و مزرعه برای مازیار عادی شده بود همه به او احترام میگذاشتند برخلاف قد و قامت مازیار پسری فوق العاده مهربان و خون گرم بود و از کمک به دیگران دریغ نداشت .

دوستان و همکلاسیهای قدیمش بارها از او خواستن که گاهی وقت کرده باهم بنشینند و در کنار هم شاد و خوشحال شوند .و بیشتر از زندگی و سختیهایی که مازیار طی سالهای گذشته در تنهایی کشیده برایشان صحبت کند و مازیار هم همیشه با روی باز برایشان ماجراهایش را تعریف می کرد. وبه آنها می گفت : خوشحال میشود با آنها می نشیند و حرف میزند و در هر زمان که مشغول کار در باغ کدخدا نبود و فرصت فراهم شود که بیکار باشد وخوشحال می شود با دوستان وقت بگذراند .

با آمدن مازیار اصغر جان تازه ای یافته بود، خانه اش دوباره رونق گرفته بود، تصمیم گرفت که به دنبال مشهدی حسن برود و او را هم به روستا بیاورد تا در کنار هم زندگی کنند .پس از مرگ ننه بتول،مشهدی رحمان تنها شده بود و حتی پسرانش از پیشش رفته بودند و در شهر زندگی می کردند.اصغر با مازیار راجب آوردن مشهدی به پیش خودشان صحبت کرد و مازیار هم از تصمیم اصغر برای آوردن پدربزرگش خوشحال شد .و از پدرش خواست که هر چه زودتر برود و مشهدی را به ده بیاورد .اصغر برای آوردن مشهدی به راه افتاد .

اصغر در دل حول و ولایی داشت که شاید مشهدی از آمدن با کنارشان و زندگی با آنها مخالفت کند و نخواهد به پیش آنها بیاید .

این موضوع را می دانست که مشهدی به خاطر دیدن مازیار و پیدا شدن مازیار و آمدنش به روستا خوشحال می شود و قبول خواهد کرد به خاطر مازیار بیاید . اصغر پیاده و سواره با تراکتور پس از چند ساعت خودش را به مشهدی رساند و به خانه مشهدی رفت،حیاط هنوز بوی آقول و گوسفندان میداد هنوز بوی خوش گل بهار را می توانست احساس کند .

اصغر برای لحظه ای برگشته بود به جوانی به زمانی که عشق گل بهار وجودش را به لرزه می انداخت، بی اختیار یاد و خاطره گل بهار اشکهایش را جاری کرده بود .دستی به سر و رویش کشید به سمت در پیش رفت و آن را به صدا در آورد، صدای مشهدی بود که میگفت :بفرمایید. در بازه . اصغر بی درنگ با گفتن یاالله وارد حیاط شد، سلام بلندی به مشهدی کرد .او را در آغوش کشید و محاسن سفید و دست و پیشانیش را بوسید. پس از احوال پرسی از مشهدی تمام اتفاقات چند روز گذشته و پیدا کردن مازیار را برای مشهدی گفت . اصغر به مشهدی گفت من به اتفاق مازیار و اکبر تصمیم گرفتیم به دنبالت بیایم و با تو درکنار هم زندگی کنیم و نوهایت سفارش کردند که هرچه زودتر تو هم بیایی در کنارمان و با ما زندگی کنی. مشهدی دلش نمی خواست مزاحم و سر بار اصغر باشد برای همین هم گفت راستش اصغر من در این روستا زندگی کردم عمرم را گذراندم. چطوری از اینجا دل بکنم. اصغر : ولی مشهدی بچه ها دلشان به آمدنت خوش بود آنها اصرار کردند بدون تو برنگردم می دانم اگر با من نیایی مازیار و اکبر برای آوردنت

می آیند. مشهدی مردد بود چه تصمیمی بگیرد. به اصغر گفت:کمی به من وقت
بده فکر کنم ببینم چه کار باید بکنم. مشهدی جز این خانه و چند راس گاو و
تعدادی مرغ و خروس چیز دیگری در روستا نداشت .پسرانش از سالها قبل هر چه
داشت فروخته بودند و سرمایه زندگی در شهر کرده بودند. پسران مشهدی دیگر
در روستا زندگی نمیکردند، آنها بعد از فروش گله گوسفندان و زمین مشهدی
پولها را با هم تقسیم کردند و به شهر رفته بودند و به ندرت پیش می آمد که آنها
به دیدن مشهدی بیایند، تنها پس از مرگ ننه بتول در مراسم خاکسپاری آمده
بودند و تا شب هفت هم نبودند و رفتند .مشهدی چندان دل خوشی از آنها
نداشت اصغر قصد و قرض آمدنش را برای مشهدی تعریف کرد و نیز خبر آمدن
و پیدا شدن مازیار را مفصل برای مشهدی گفته بود.مشهدی هم از شنیدن پیدا
شدن و زنده بودن مازیار اشک در چشمانش حلقه شده بود وخدا را شکرمی کرد.
اصغر از مشهدی خواهش کرد برای خاطر مازیار قبول کند و با او همراه شود.
مشهدی می دانست نوه هایش او را دوست دارند و مثل مادرشان مهربان و خون
گرم و صمیمی هستند. دلش برای دیدن آنها تنگ شده بود و هم دیگر از تنهایی
و تنها زندگی کردن خسته شده بود .مشهدی رو به اصغر گفت: باشه من حاضرم
با تو بیایم ولی اول باید چندکار را دراین روستا انجام دهم بعد برای فردا حرکت
می کنیم .

اصغر بلند شد دست مشهدی را بوسید .مشهدی از اصغر خواست بره دنبال مش
رحمت معتمد محل بگه مشهدی باهاش کار واجب داره زحمت بکشه بیاد .اصغر
هم به سمت تکیه محل به راه افتاد، سالها تو این ده زندگی و چوپانی مشهدی و
کرده بود، تمام آدمها و گوشه کنار ده را می دونست مش رحمت مرد خوشرو

محترم آبادی بود که اکثر اهل ده کارها و مسائل و مشکلات خودشون را پیش اون حل و فصل میکردند و هر کس جایی میرفت اون برایش امور باغ و خانه را به آدمهای مورد اعتماد و لایق میسپرد .

اصغر مش رحمت را طبق معمول در تکیه دید بعد از سلام و احوالپرسی سلام مشهدی را به او رسوند، گفت مشهدی خواهش کرده یه سر بیایی باهم مشورت کنیم، مش رحمت هم با گفتن چشم مشهدی بزرگ ماست شال و کلاه کرد و همراه اصغر به سمت خانه مشهدی روانه شد .

پس از کمی با یه یاالله و بفرمائید مش رحمت وارد اتاق شد و با مشهدی حسن دست داد و با هم سلام و احوالپرسی کردند مشهدی یک راست رفت سر اصل مسئله و ما وقع داستان، و رفتنش را به همراه اصغر و ترک روستایشان برای زندگی با نوه هایش را برای مش رحمت توضیح داد و از او خواهش کرد که خانه اش را به دست انسان معتمد و خوبی بدهد و اگر عمری باقی ماند خودش خواهد آمد و به نوه هایش واگذار می کند و اگر هم نتوانست، به یاد داشته باشد که این خانه متعلق به او بعد از او برای هر دو نوه اش است و تا آن زمان مختصر آیدی این خانه را برایش جمع کند و هر چند وقت برایش بفرستد، مش رحمت گفت: چشم مشهدی ولی انشاالله خودت میایی و با دستان خودت به آنها میدهی ولی چشم من اینجا را به آدم درستی خواهم داد و اجاره آن را هم برایت سر ماه میفرستم .یا پیغام میدهم که نوه هایت بیایند بگیرند .بعد رفتن مش رحمت، مشهدی از اصغر خواست که اسباب و اثاثیه منزلش و رخت و لحاف و اثاثیه اندکش را جمع کند تا برای روز بعد به اتفاق هم راه بیفتند .اصغر شب را در

کنار مشهدی ماند صبح با کرایه یک تراکتور تمام چند اسباب و وسایل مشهدی را بار تراکتور کردند و در انتها هم دو گاو شیری و یک گوساله را سوار تراکتور کردبه سمت روستایشان به راه افتادند .مازیار چند ساعتی بود که منتظر آمدن آنها بود با دیدن تراکتور و اصغر و مشهدی بسویشان دوید، تراکتور ایستاد مازیار سر از پای نمیشناخت مشهدی را در آغوش کشید بر سر و دستش بوسه زد، و از آمدن و دیدن پدربزرگ ابراز شادمانی و شعف کرد، پس از سالها مشهدی اورا دید او را در آغوش گرفت و بر سر و روی هم بوسه نهادند و از دیدن هم اشک شادی و شوق ریختند، مازیار به کمک اصغر پدرش بارها و حیوانات را جابجا کردند، کرایه تراکتور را پرداختند و تراکتورچی راهی شد .

اسباب و اثاثیه مشهدی، جابجا شدند .مازیار از دیدن پدربزرگش در پوست خودش نمیگنجید، از خوشحالی و شوق داشت بال و پردر می آورد، دلش برای دیدن او تنگ شده بود، تمام روز را در کنار او ماند و با هم گفتند و خندیدند و اشک ریختند، مشهدی پس از درگذشت دخترش تاکنون این قدر از دیدن کسی خوشنود نشده بود مازیار همچون مادرش صورتی سبزگون و چشمانی درشت داشت و برای مشهدی یاد و خاطره گل بهار را تداعی میکرد .مشهدی از دیدن چهره مازیار یاد و خاطره گل بهار برایش زنده شده بود. به یاد می آوردکه گل بهار با چه ذوق و شوقی از او می خواست بچه اش را ببیند و راجع به شباهتش با او نظرش را بگوید. آنروزگل بهار از به دنیا آمدن مازیار آن چنان خوشحال بود که مشهدی به شوخی به اوگفت: اینقدر خوشحالی نکن بچه ات شبیه تو نشده می دانست مازیار کاملا شبیه گل بهار است. همیشه با بودن در کنار آنها احساس

رضایت و خرسندی میکرد .مشهدی هر وقت به چهره مازیار نگاه می کرد چهره گل بهار به ذهنش خطور می کرد که با لبخندش دلش را گرمی می بخشید.

اکبر هم بعد سالها تنهایی توانسته بود طعم خانواده را تجربه کند دلش می خواست برادرش را بیشتر ببیند و از داشتن برادری چون مازیار احساس افتخار می کرد، با آمدن مشهدی ، خانه آنها گرم وصمیمی شده بود .

روز فوق العاده به یادماندی برای همه بود، اصغر خدا را شکر کرد که بعد از سالها دوباره آنها را به دور هم جمع کرده است و زیر لب از روح گل بهار بخاطر این اتفاقات متشکر بود و یادش را از ته دل می ستود .

با آمدن مشهدی، برای مازیار روستا رنگ و بوی شیرینی گرفته بود با ذوق و شوق بیشتری کار می کرد اصغر هم تلاشش را بیشتر کرده بود.مازیار طی مدت کمی بین مردم ده بسیار عزیز و محترم شده بود او به خوبی و جوان مردی زبانزد شده بود، از هر کمکی به دیگران دریغ نمیکرد بسیار پیش آمده بود که اهالی ده او را مشغول کمک به دیگری دیده بودند برای همین هم مازیار برای اهالی ده مثل پسران خودشان عزیز بود و احترام خاصی برایش در جمع خود قائل می شدند .

فصل ۲۲

هرسال در پایان کارکشاورزی در روستا جش خرمن برگزار می شد و جوانان روستا با هم کشتی لوچو می گرفتن و پهلوان روستا از طرف کدخدا و بزرگ محل گاو گوسفندی به رسم تقدیر هدیه می گرفتند. چند روز به شروع جشن خرمن و کشتی لوچو باقی بود . اصغر از مازیار خواست در جشن خرمن برای کشتی لوچو اسمش را بنویسد .طبق روال همه سال مش کریم مسئول ثبت نام از جوانهای مشتاق برای کشتی لوچو بود .هر سال در هنگام برگزاری جشن خرمن و مسابقات کشتی محلی بعضی از آشنایان اهالی محل از روستاهای اطراف و شهرهای دور می آمدند. وگاهی هم پسرانشان به رسم تفریح اسم خود را برای کشتی می نوشتند. مازیار هم طبق خواسته اصغر از مش کریم خواست که اسمش رای برای کشتی بنویسد. هرچه به روزجشن خرمن نزدیکتر می شدند جنب جوش اهالی روستا و بزرگان ده برای هر چه بهتر برگزار کردن جشن و کشتی لوچو بیشتر نمایان می شد .جمعیت زیادی در محل برگزاری کشتی لوچو از دور و نزدیک جمع شده بودند. بعد مراسم خوش آمدگویی از طرف مش رحمان و کدخدا مراسم سنتی محلی برگذار شد و بعد آن کشتی گیران یکی یکی معرفی شدند .که هرکس به نوبه خود مورد تشویق حاضرین قرار می گرفت. در بین رده های سنی به نوبه خود افراد شرکت کرده بودند .در رده بزرگسالان و سر پهلوانی هشت نفر شرکت کرده بودند که مازیار یکی از آنها بود. به طور معمول جش و کشتی محلی طی سه روز برگزار میشد و طی این مدت کشتی گیران به طور معمول روز اول دو کشتی می گرفتند و برنده از هر گروه با برنده گروه دیگر در روز دوم تک حذف

کشتی می گرفت و کشتی پهلوانی در روز سوم بین دوکشتی گیر از دوگروه برای پهلوانی برگزارمی شد.کشتی با هل هله و تشویق اهالی بین پسرهای کم سن و سال شروع شد .بعد یک ساعت کشتی جوانان و پهلوانان شروع شد.کشتی گیران در دو دسته با هم رقابت را شروع کردند .در دسته اول هوشنگ پسر مش رحیم و هرمز پسر مش قربان و سپهان پسر مش نقی از ده بالا و یکی از مهمانان و کامران برادرزاده مش رحمان کدخدا که یک روز   قبل به همراه خانواده اش به روستا آمده بود کشتی می گرفت. در دسته دوم مازیار پسر اصغر و مراد پسر مش قدیر خیاط و پهلوان حبیب پسرمش حسین میراب پهلوان سال گذشته وعباس پسرمش کریم تراکتورچی . در حلقه تشویق اهالی اولین کشتی بین هرمز و سپهان شروع شد. و تایم اول بدون نتیجه برابر پیش رفت. در تایم دوم هرمز با یک زیرگیری سریع پشت سپهان را به خاک زد و مسابقه اول با برد هرمز به پایان رسید و مورد تشویق حاضرین قرار گرفت. کشتی دوم بین مازیار و حبیب بود. با آمدن آن دو به میدان مبارزه حاضرین هرکس به ضم خود آن دو را مورد تشویق قرار می داد. و کشتی گیر با سرشاخ کار خود را شروع کردند .مازیار همانند حبیب پسری چهارشانه درشت بود ولی خوش تراش و دستان بلند و پنجه های قدرتمندی داشت.حبیب پسر قوی هیکل وکمی چاق بود که بیشتر حریفان خودش را با قدرت بدنی مغلوب می کرد .و تجربه چندسال کشتی را داشت. در وقت اول حبیب چند بار سعی کرد پای مازیار را بگیرد و ضربه فنیش کند که مازیار با تیز هوشی خودش را رها می کرد .وقت اول مساوی تمام شد.وقت دوم با یک سر زیر بغل از طرف حبیب شروع شد . هیجان و تشویق حاضرین مسابقه را پر هیجان کرده بود. مازیار مسلط به موقعیت بود. وقتی حبیب دست راستش را روی

شانه مازیار زد مازیار به سرعت دستش را به پهلو هول داد و خودش را در موقعیت فن درخت کن پشت سرحبیب قرار داد و با تمام نیرویش او را از زمین بلند کرد و با یک حرکت داخل پا او را به زمین زد.صدای هورا و تشویق حاضرین به هوا بلند شد .و هرکس مازیار مازیار می گفت : دوکشتی گیردست هم را فشردن از زمین بیرون آمدند.روز اول کشتی بین دوگروه به خوبی برگزارشد.مازیا ر هر دوکشتی خودش را برد. هوشنگ یک برد و یک باخت در مقابل هرمز و کامران یک باخت و یک برد در مقابل سپهان کشتی خود را به پایان بردند.در بین اهالی بازار حدس و گمان ها داغ شده بود و هرکس برد و پهلوانی کسی را پیش بینی می کردند. نظر اکثر اهالی متوجه مازیار و هرمز بود.آن دو روز اول به خوبی کشتی گرفته بودند و نسبت به رقبای خود امتیاز بهتری داشتن ولی تمام حدس وگمانها بستگی به روز دوم داشت که از هر دو گروه دو نفر انتخاب می شدند .تمام شب اصغر داشت راجع به کشتی مازیار حرف می زد .مشهدی رحمان هم به دقت به حرفهای اصغر گوش می کرد .در خانه کدخدا برادرزاده اش کامران داشت از کم شانسی و دست کم گرفتن حریفش حرف می زده پری سر به سر کامران می گذاشت و پهلوان پنبه می گفتش .مازیار اما برای پدربزرگ و اکبر و پدرش می گفت : تقصیر خودم بود که حریفم را دست کم گرفتم .و احمقانه کشتی گرفتم .مازیار در آخرین لحظه اشتباه کرده بود .باید مانع لنگ شدنش می شد می توانست از فن حریفش فرارکند .مازیار با فنون کشتی به خوبی آشنا بود .می دانست کشتی گیرهای محلی بیشتر از قدرت بدنی در فنون رکب زدن و لنگ کردن و چند فن ساده اما کاری کشتی که همه بر محور قدرت بدنی استوار است موفق هستند. کامران در نوجوانی چند بارکشتی گرفته بود.پدرکامران مش احمد

هر سال به رسم عادت به دیدن برادر و رسیدگی به کار مزرعه اش به روستا می

آمد.

فصل ۲۳

مش احمد از جوانی به کار تجارت علاقه مند بود و برخلاف برادرش مش رحمان از ده کوچ کرد و در شهر مشغول زندگی و تجارت شد .ولی هیچ گاه مردم روستا و اصل خود را از یاد نبرد و هر ساله در جشن خرمن روستا به ده برمی گشت و این روال را بعد ازدواجش با گل تاج دختر یکی از تجار معروف شهر همچنان با داشتن سه فرزندشان ادامه داده بود. ولی از زمانی که دو دخترانش در شهر ازدواج کرده بودن آنها به روستا نمی آمدند .کامران هم در شهر مشغول درس و زندگی خودش بود .و علاقه چندانی به روستا و حال و هوای ده نداشت چند سالی بود که به ده نیامده بود .بعد پایان دوره سربازیش هم کامران تصمیم گرفت برای زندگی و ادامه تحصیل به خارج از کشور برود. ولی مادرش گل تاج و مش احمد پدرش از این تصمیم کامران ناراحت و دلخور بودند برای همین هم تصمیم گرفتن که هرچه زودتر پری را برای پسرشان خواستگاری کنند. و چون از بچگی آن دو با هم بزرگ شده بودند و محبت بین دو خانواده آنها زیاد بود و همیشه گل تاج پری را عروس خودش می دانست .و بارها راجع به این موضوع با مهربانو گفتگوکرده بود خیالش از بابت پری راحت بود. ولی نمی دانست بعد چندین سال دوری، پری دیگر آن بچه شلوغ و بازیگوش دوران کودکیش نیست و هم کامران دیگر مثل گذشته نبود برای آینده و زندگیش نقشه های زیادی کشیده بود و دوست نداشت زندگیش را در مسیرگذشته پدر و مادرش هدر بدهد پری را دوست داشت. مثل دو خواهرش ولی تصمیم نداشت با او ازدواج کند می خواست هر طور شده برای ادامه تحصیل به خارج برود ومی دانست پری در این جا و آنجا دست و پایش را

می بست و او هم تحمل ناراحتی و دوری پری را نخواهد داشت پس بهتر بود از قید ازدواج با پری می گذشت برای همین هم شرایط سختی را پیش پای پدر و مادرش گذاشت تا نتوانند رضایت پری و عمو و زن عمویش را بگیرند.کامران قرار ازدواج با پری را منوط بر قبول همراهی پری برای چندین سال دوری از خانواده اش گذاشته بودکه کامران بتواند در خارج ازکشور تحصیلات تکمیلیش را تمام کند و بازگردند .واگر پری حاضر به همراهی با کامران نشود خود به خود این ازدواج رد می شد و مش احمد و گل تاج حق اعتراض نداشتن و کامران می توانست با خیال راحت پی درس و زندگیش برود .آنها به اتفاق کامران این بار به ده آمدند تا شاید بتوانند پری را راضی کنند تا او مانع رفتن کامران به دیار غربت بشود .بعد آمدنشان به روستا و دیدن خانواده برادر مش احمد تصمیم گرفت هر چه زودتر از پری برای کامران خواستگاری کردند و موضوع ازدواج آن دو را با برادر و زن برادرش در میان بگذارد. گل تاج از روزها قبل از مش رحیم خواسته بودکه پس از آمدنشان به ده موضوع ازدواج کامران و پری را با برادر و زن برادرش در میان بگذارد تا آنها طی چند روزی که در روستا هستند تصمیم خودشان را بگیرند . احمد وگل تاج در اولین فرصت ازپری خواستگاری کردند و از مش رحمان ومهربانوخواهش کردند که قبول کنند۰تا شایدکامران به خاطرپری هم که شده به خارج از کشور نرود. در آن زمان گرفتن بورسیه برای دانشجویان باهوش و درس خوان برای پیشرفت یک آرزوی جالب توجه بود که کامران هم با تلاش و پشتکار توانسته بود از یکی از دانشگاههای معتبر بگیرد و در این شرایط ازدواج را مانع پیشرفت خودمی دانست. مش احمد و گل تاج فکرمی کردند با رضایت مش رحمان مهربانو می توانند کامران را از رفتن منصرف کنند. مش

رحمان با گفتن ما از خدامونه کامران داماد ما باشه لبخند را به لبان مش احمد نشاند و گفت: ولی برادر ما باید از خود پری هم بپرسیم ببینیم نظر او چیست. با این شرایطی که کامران دارد آیا حاضر می شود ازدواج با کامران را بپذیرد.ما تلاش خودرا انجام می دهیم برای همین هم درحضور شما این موضوع را از او می پرسیم اگر قبول نکرد.ناراحت نشوید من حاضر به اجبار به قبول این ازدواج نمی شوم باید با رضایت خاطرش قبول کند.اگر کامران قصد رفتن نداشت باز می شدکمی بیشر مطمئن بود.حالا دقیق نمی دانم آخرپری خیلی تحمل دوری از ما را ندارد.

فصل ٢٤

روز دوم کشتی بین مازیار و کشتی گیران دیگر آغاز شد. اکثر مردم ده در وسط ده جمع شده بودند و کشتی گیران حاضر را تشویق می کردند. در روز نخست دو نفر از گردونه کشتی لوچو حذف شدند. سپهان در گروه اول و عباس در گروه دوم کشتی با شور و هیجان تماشاچیان بین کامران و حبیب آغاز شد حبیب با تمام وجود داشت کشتی می گرفت. ولی حریفش کامران به زیرکی حملاتش را دفع می کرد و تلاش می کرد تا از حبیب زیرگیری کند. با شگردهای که از کشتی آموخته بود سعی می کرد حریفش راخسته کند .تا در موقعیت مناسب خاکش کند. در نیمه های وقت اول کامران با یک حرکت سریع می رفت سر زیر بغل را جفت و جور کند و حریفش را خاک کند. ولی حبیب توانست با قدرت بدنیش مانع اجرا کامل فن کامران شود. در نیمه اول دو حریف نتوانستند برنده میدان را مشخص کنند. نیمه دوم کشتی با علامت دست داور مسابقه شروع شد. در همان لحظه اول کامران جنگنده تر و قبراق تر وارد میدان شد و در هر لحظه انتظار می رفت تا حریفش را با یک فن ضربه کند.حبیب اجازه اجراء فنی را به کامران نمی داد ولی کامران با یک زیرگیری به موقع پای حبیب را در اختیار گرفت و فن لنگ را اجرا کرد و حبیب را خاک کرد .دست کامران به عنوان نفر پیروز بالا برده شد. کامران با موفقیت پهلوان سال قبل را شکست داد. کشتی دوم بین مازیار و هرمز انجام می گرفت مازیار یک سر و گردن از هرمز بلندتر و چهار شانه تر بود. هنگامی که آن دو برای کشتی به میدان آمدن اهالی با کف زدن آن دو را تشویق کردند. مازیار روحیه زیادی برای کشتی گرفتن داشت .دست و پنجه پر زورش کافی بود.

پای حریف را بگیرد تا کار حریفش را تمام کند. هرمز پسری فرز و چالاک بود که به راحتی از حریفش شکست نمی خورد. برای هرکشتی گیری حریف سرسخت و قابلی بود .با علامت دست داور کشتی بین مازیار و هرمز شروع شد. دو کشتی گیر بعد دست دادن در سر شاخ مقابل هم قرار گرفتن مازیار برای لحظه ای با دست راست بر سر وکول هرمز خیمه سنگینی را وارد کرد و با فشار می خواست تعادل هرمز را بر هم بزند تا بتواند خودش را به پشت هرمز برساند ولی هرمز با زیرکی بدل زد. و در پی زیر گیری بود. هرمز چند بار سعی کرد از گارد باز مازیار استفاده کند و پای او را بگیرد که مازیار اجازه نمیداد .مازیار در پی فرصتی بود تا تعادل هرمز را بهم بزند و او را به پل بکشد ولی موفق نمی شد. هرمز از دستش در میرفت. وقت اول بدون نتیجه با هیاهوی تماشاچیان و تشویق حاضرین تمام شد. بین دو نیمه هنرمندان ده با دهل و نی به هنرنمای پرداختند. بعد استراحت دو کشتی گیر با علامت داور مسابقه به میدان آمدند. با علامت دست داور کشتی بین مازیار و هرمز شروع شد. مازیار کافی بود پای هرمز را می گرفت تا هرمز را با خاک آشنا کند ولی هرمز زیرک تر از آن بودکه به آسانی به دست مازیار ضربه شود. دو حریف چندین فن را امتحان کرده بودند ولی هر کدام با اجرا بدل از دست دیگری خلاص شده بود .هرمز در زیرگیری تند و تیز بود کافی بود گارد حریفش باز باشد تا او به راحتی از فرصت استفاده کند وحریف را به زمین بزند. مازیار از اشتیاق هرمز برای زیرگیری به نفع خودش استفاده کرد چون می دانست کسی نمی تواند پایش را از زمین بلند کند. پاهای مازیار قوی و محکم بود. مازیار کمی گارد بسته اش را به عمد باز گذاشت تا هرمز به خیالش بخواهد زیر گیری کند و مازیار هم تا فرصت را غنیمت دید که هرمز اقدام به زیر گرفتن کرده

سریع خودش را روی کول هرمز قرار داد و دو دستش را دور کمر وکول هرمز حلقه کرد و در آنی با حرکتی سریع هرمز را بلند کرد و با چرخش هرمز را به زمین زد. صدای تشویق و دست زدن حاضرین به هوا برخواست. دست مازیار به عنوان فرد پیروز بالا رفت.

اکبر برای لحظه ای خودش را به مازیار رساند وگفت :آفرین داداش عالی کشتی گرفتی مازیار او را درآغوش کشید و روی برادرش را بوسید وگفت: ممنون فکرش را می کردم توخوشت بیاید. آخرین کشتی بین مراد و هوشنگ بود بعد آمدن آن دو به میدان و تشویق حاضرین و معرفی اسم دو کشتی گیر با علامت دست داور کشتی بین هوشنگ و مراد آغاز شد. هوشنگ سابقه زیادی درکشتی محلی داشت ولی به دلایلی که بیشتر به توان جسمی اش بر می گشت نتوانسته بود عنوانی را در مسابقات کسب کند. بیشتر علاقه به درس خواندن داشت و چون پسر اجتماعی بود، در اکثر مراسم ها و جشن ها شرکت می کرد. این بار هم برای دل ماه گل که از او خواسته بود که تلاش کند شاید بتواند مقامی را کسب کند در این مسابقات شرکت کرده بود. در روستا برای پهلوان و کشتی گیران احترام و جایگاه خواصی قائل بودند ولی هوشنگ به دلایلی که ماه گل دوست داشت کشتی می گرفت. ماه گل دوست داشت هوشنگ بین پسرهای در سن و سال خودش جایگاه خواصی داشته باشد تا او هم بتواند بین دخترهای هم سن و سالش بیشتر از شوهر آینده اش تعریف کند. دو کشتی گیر در سرشاخ توان و زیرکی هم را محک می زدند. مراد پسری پر قدرت و کند بود نمی توانست به چالاکی هوشنگ کشتی بگیرد و این به نفع هوشنگ بود تا با کمی استقامت و تلاش بیشتر مراد را شکست دهد. مراد در سر زیر بغل و کنده کشی حریف قدری بود و سعی می کرد با خیمه

های سنگین بر سر هوشنگ او را خاک کند ولی هوشنگ با هوشیاری از دست مراد در می رفت. مراد بعد چند حمله به نفس نفس افتاد و هوشنگ موقعیت را برای زمین زدن مراد مناسب دید .هوشنگ برای لحظه ای نزدیک بود از حریفش رو دست بخورد پای چپ هوشنگ برای لحظه ای در اختیار مراد قرار گرفت و مراد می خواست فن یک لنگه پا را در بین زمین و آسمان بر روی هوشنگ اجرا کند .مراد می رفت تا هوشنگ را از زمین بلند کندکه هوشنگ با یک پشت پاکه از روی شانسش باعث برهم خوردن تعادل مراد شد مانع لنگ شدن خودش شد .هوشنگ خوب فهمیده بودکه مراد کشتی گیر زیرکی است و به درستی از غفلت او استفاده خواهد کرد برای همین هم دقت خودش را بیشترکرد .مراد بعد اجرا ناموفق فن به نفس نفس افتاده بود و هوشنگ با استفاده از خستگی مراد که داشت با یک دست بر زانوکشتی می گرفت .مراد را به مشکل انداخت زمانی که مراد با یک دست به بالای سر هوشنگ ضربه زد هوشنگ بلافاصله دستش را پس زد و دستش را به زیر کتف مراد انداخت و در یک حرکت سری او را رکب زد و مراد را نقش بر زمین کرد هوشنگ خودش هم باورش نشده بود که توانسته بود از پس مراد بر بیاید و برنده شود از خوشحالی فریاد بلندی کشید و به هوا می پرید. دست هوشنگ به عنوان نفر برنده بلند شد. روز دوم هم با مشخص شدن نفرات برتر به پایان رسید. چهار نفر کشتی گیر برتر می بایست روز بعد مسابقات پهلوانی را انجام می دادند با پایان کشتی در این روز اهالی برای استراحت به خانه هایشان رفتند. روز خوبی برای مازیار بود توانسته بود به خوبی از پس حریفش براید در خانه آنها اکبر و مشهدی و اصغر کلی از او تعریف و تمجید کردند. طی چند روز گذشته آنها هر سه به دیدن کشتی مازیار و تشویق او رفته

بودند و برایشان کشتی گرفتن مازیار پر هیجان و جالب بود و بیشتر از مازیار

خوشحال بودند .

فصل ۲۵

اما مازیار در دل غم سنگینی داشت که مانع شاد بودنش می شد. مازیار دلش می خواست در کنار پری بود و شادیش را با او تقسیم می کرد. و او هم مثل پدر و برادر و پدربزرگش از این اتفاق خوشحال می شد.

مازیار به پری نزدیک بود ولی نمیتوانست او را داشته باشد مرغ روحش هر روز به یادش در رویا به او می رسید بارها از خود پرسیده بود که آیا پری اصلا عمق علاقه او را می داند. در خانه کدخدا کامران داشت از هیجان و ذوق پیروزی اش پرواز می کرد. کامران ماجرای ضربه فنی کردن حریفش را با آب و تاب برای همه خانواده تعریف می کرد. هر کس برای خوش آمد و تشویق کامران چیزی می گفت: پدرام گفت: عالی کشتی گرفتی خودم تمام لحظات داشتم نگاهت می کردم به نظرمن هم کارت بی نقص بود. کامران گفت: ممنون پدرام جان پس تو کشتی منو از نزدیک دیدی و حرفمو تائید می کنی که کشتی ام از روز اول بهتر بوده؟ پدرام : آره کامران کشتیت حرف نداشت خیلی حرفه ای ضربه فنی کردی. وقت شام شد بود که مهربانو همه را برای خوردن شام به سر سفره شام دعوت کرد. بعد شام و جمع شدن سفره شام مش احمد رو به برادرش مش رحیم موضوع خواستگاری از پری را بین جمع مطرح کرد و از آینده کامران و تصمیم آنها برای ازدواج او با پری حرفهایی را به میان کشیدند. مش احمد تمام حرفهای که به برادر و زن برادرش گفته بود برای همه خانواده دوباره تعریف کرد الخصوص بیشتر سمت گفته هایش پری بود و می خواست نظر پری را بداند. وقتی مش احمد حرفهایش را زد برای لحظه ای همه ساکت شدند و به پری نگاه می کردند شاید

۱۴۹

پری حرفی برای گفتن داشته باشد. پری اما انگار آب یخ رویش ریخته باشن هاج و واج مانده بودکه آنچه می شنید حقیقت دارد یا دارد خواب می بیند. تاکنون به ازدواج با کامران فکر هم نکرده بود. او همیشه باکامران مثل برادرش پدرام رفتارمی کرد و همان گونه او را دوست داشت. پری وقتی نگاه سنگین اطرافیانش را دید مانده بود چه بگوید. از خجالتش از جایش برخواست و به اتاقش رفت. برای لحظه ای هزاران فکر گوناگون به مغزش هجوم آورد چه تصمیمی میتوانست بگیرد که از این دشواری رها می شد. جست وگریخته به ماه گل راجع به علاقه اش به مازیارحرف زده بود ولی تمام آن حرفها در حد یک خیال دخترانه بیشتر نبود ولی حالا باید تمام خانواده و دوستانش را برای همیشه ترک می کرد و با کامران ازدواج می کرد. با او به کشور دیگر می رفت. پری پیش خودش دوست نداشت برای لحظه ای از پدر و مادرش دور شود و آنها را نبیند. پری غرق درافکار گوناگون بود با تمام وجود دوست داشت در روستا می ماند. چطور می توانست دوستانش را برای همیشه ترک کند. پری حتی تحمل یک روز ندیدن مادر و پدرش را نداشت. روی تخت درازکشیده بود .غرق افکار گوناگون بودکه ضربه های در حواسش را به اتاق برگرداند . زن داداشش بنفشه بود که به درضربه می زد و از پری اجازه ورود می خواست. پری با گفتن بیا تو به بنفشه اجازه داد تا زن داداشش شریک تنهایش باشد. پری به احترام بنفشه ازجایش برخاست .

بنفشه مزاحمت که نیستم پری جان؟ پری نه زن داداش اتفاقا کار خوبی کردی اومدی خیلی احساس درماندگی داشتم و تنها بودم .

بنفشه: غصه نخور همه چیز به خوبی پیش میره همه یک روز باید ازدواج کنند. به نظر من کامران هم مرد خوبیه هم پسر عموته و همچنین عمو و زن عموت تو را خیلی دوست دارند بعد مدتی به کامران عادت می کنی !

پری : درد من هم همینه من کامرن را مثل برادرم دوست دارم و هرگز به چیزی غیر این در موردش فکر نکردم ما از بچه گی با هم بزرگ شدیم بازی کردیم سر به سر هم گذاشتیم او مثل داداش پدرام در بین ما بود . حالا چگونه فکرکنم که با کامران می توانم زندگی مشترک داشته باشم.

بنفشه : به مرور همه چیز درست می شود احساست هم تغیرمی کند.

پری : ولی زن داداش این تنها مشکل من نیست اگر هم بخواهم با کامران زندگی کنم او نمی خواهد اینجا بماند. او قصد رفتن دارد و ادامه تحصیل من هرگز حاضر نیستم به خاطر کسی از پدر و مادرم دور شوم . اگردر شهر زندگی می کردیم بازهم می شد کمی تحمل کرد، ولی نه من حاضر نیستم به هردلیل ازخانواده و روستایمان بروم حتی اگر اینجا ازدواج نکنم.

بنفشه راستش پری جان من اجبارت نمی کنم که حتما قبول کنی زندگی خودت هست و آینده خودت . درست هست کامران برای ادامه تحصیلات می خواهد برود، ولی نشنیدی زن عموگل تاج چه گفته اگر کامران با تو ازدواج کند دیگر درسش را ادامه نمی دهد . یعنی به کشور دیگری نمی رود و شما می توانید به خوبی و خوشی زندگی کنید.

پری : من مطمئن هستم که تمام فکر و ذهن کامران گرفتن مدرک دکتریش هست چون از گذشته همیشه راجع به آرزوهایش برایم می گفت: من حاضر نیستم به

خواطر خوشایند کسی زن کامران بشم که از رفتنش جلوگیری کنم . اگر کامران خودش قول بده که منو می خواد و از آرزو تصمیمش برای ادامه تحصیل صرفه نظر کرده من حرفی ندارم.

بنفشه: پس تو شرایطت اینه چه خوب من میرم به بقیه خبر بدم که تو موافقی ولی به شرطی که کامران قول بدهد.

پری : باشه بنفشه جون ! راستی زن داداش رفتی به کامران هم بگو یه تک پا بیاید اتاقم تا خودم از نظرش راجع به این تصمیمش مطمئن شوم. بنفشه: باشه پری جان.

فصل ۲۶

روز سوم کشتی هم شروع شد. اکثر اهالی روستا برای دیدن کشتی پهلوانی بین چهار نفر باقی مانده در وسط ده جمع بودند با تشویق حاضران اولین کشتی بین هوشنگ وکامران برگزار شد. در یک کشتی نفس گیر و سخت بعد حملات و زیرگیری های پی در پی دوکشتی گیر در وقت دوم کشتی کامران یک فن اشتباه را به روی هوشنگ می زند. هوشنگ با زیرکی فن کول انداز کامران را بدل زد و در آنی کامران را از زمین بلندکرد وبه زمین زد با پایان کشتی وبالا رفتن دست هوشنگ و تشویق حاضرین تکلیف یکی از پهلوانان مشخص شد.کشتی بعدی بین مازیار وحبیب برگذارمی شد که کشتی گیر برنده می بایست با هوشنگ سرپنجه می انداخت. با تشویق حاضرین مازیار وحبیب برای سرشاخ شدن به میدان آمدند دوکشتی گیر به رسم پهلوانی به هم دست دادند. و با علامت دست داورکشتی را درسرشاخ شروع می کنند.دوحریف مشغول براندازکردن قدرت هم شدن گاهی مازیار اقدام به اجرا فن می کردکه حبیب به خوبی از دستش درمی رفت وگاهی حبیب مجری فن سرزیربغل یا دست زیرکتف می شد که مازیار مانع اجرا فن می شد نیمه اول دو حریف برابر بودند و هیچ یک نتوانست برتری خود را نشان دهد. با آغاز دور دوم کشتی مازیار یک سر و گردن از حریفش بالاتر بود در اولین زیرگیری توانست پای حبیب را دراختیار بگیرد و با تمام توان حبیب را از زمین بلند کرد حاضرین با تشویق و ماشاالله پهلوان شور و هیجان به میدان دادند و ما زیار توانست با سختی و قدرت بازو پشت حبیب را به خاک بمالد. موقع اجرا فن حبیب تمام تلاش خود را کرد تا مانع بلندکردنش و اجرا فن شود ولی مازیار با تمام توان موفق

به اجرا فن شده بود دست مازیار به عنوان نفر پیروز بالا برده شد و مورد تشویق حاضران میدان و اهالی ده قرار گرفت. در میدان حدس و گمان ها بین اهالی برای پهلوان این دوره بالا گرفته بود . هرکس به ظن خود چیزی می گفت: بعد نیم ساعت نوبت آخرین کشتی پهلوانی لوچو رسید مسابقه بین مازیار و هوشنگ دو دوست مدعی پهلوانی شروع شد .با تشویق اهالی ده و حاضرین مازیار و هوشنگ برای کشتی پهلوانی روبروی هم ایستادن با علامت دست داور دو پهلوان سر پنجه درکت وکول هم کشیدن مازیار همان آغازکشتی نمی خواست که هوشنگ را ضربه فنی کند دوست داشت هوشنگ تمام توان خود را برای شکست دادنش به کار ببرد او تنها دفاع و بدل انجام دهد. هوشنگ برای زیرگیری خیز برداشت. اما با خیمه سنگین مازیار از اجرا آن پشیمان شد. هوشنگ این با دست زیر کتف مازیار برد تا شاید بتواند کول انداز را اجرا کند ولی مازیار به سرعت از دستش در رفت .نیمه اول با تشویق و هورای اهالی به پایان رسید. بین دو نیمه صدای پهلوون پهلوون اهالی که مازیار و عده ای هوشنگ را تشویق می کردن تمام روستا را پرکرده بود. اکثر اهالی از این که بعد چند سال هم سر پهلوان و هم تنگله نایب پهلوان از روستایشان بود خوشحال بودند. وقت دوم کشتی با علامت دست داور آغاز شد. مازیار این بار تنها می خواست کشتی به پایان برسد .هوشنگ در حال زدن فن کمر به مازیار بود که با یک حرکت سریع و محکم مازیار خودش بدل خود و به زمین افتاد مازیار برای یک لحظه خودش را روی او انداخت تا هوشنگ بازنده میدان شود با علامت دست داورکشتی به پایان رسید و دست مازیار به عنوان برنده و پهلوان بالا برده شد. هوشنگ هم به رسم پهلوانی مازیار را روی کول بلندکرد و چرخی زد. اهالی ده هرکس با تشویق و هیاهو چیزی می گفت: ماشاالله ماشاالله مازیار . بعد

کلی تشویق کد خدا به رسم سالهای پیش هدیه پهلوان را اهدا کرد. از روز دوم که برای همه مسجل شده بود مازیار پهلوان این دوره می شود .کدخدا هم خودش را آماده کرده بود او از دامداری روستا یک گاو نر درشت و سیاه برای مازیار گرفت در صورت مشخص شدن این پهلوانی او را درجمع اهالی به مازیار بدهد. و حال زمان اهدا جایزه فرا رسیده بود. کدخدا با قربان علی و اصغر پدر مازیار گاو نر سیاه را کشان کشان به داخل میدان آوردن و در بهت و حیرت مازیار و اهالی با صدای رسا آن را به پهلوان مازیار تقدیم کردند. مازیار برای چندلحظه در جا خشکش زده بود. اگرتشویق و هیاهوی اهالی نبود باورش نمی شد که کدخدا بخواهد در جمع اهالی ده گذشته را با این هدیه ارزنده جبران کند مازیار کدخدا را در آغوش گرفت و دست و صورتش را بوسید. بعد هم با مش قربان دست داد و صورتش را بوسید. سپس دست و صورت پدرش اصغر را بوسید و برای یک لحظه پدرش را بلند کرد و روی کولش گذاشت و چرخ پهلوانی زد. برای اصغر باور کردنی نبود. این همه اتفاق خوشایند و غرور آفرین مازیار! وکارفوق العاده کدخدا. مازیار بعد سالها دوباره یک گاوسیاه درشت داشت .که تمام خاطرات کودکیش را زنده کرده بود. ولی این بار مازیار دل در گرو کسی داشت که از هر چیز دیگر برایش مهمتر بود.

فصل ۲۷

بنفشه به سالن برگشت با لبخند گفت: من با پری صحبت کردم، او راضی شده ولی اول هم میخواهد با خود کامران خان صحبت کند بعد اگر همه چیز درست بود حاضر است با کامران ازدواج کند.

زن عمو گل تاج: خدا خیرت بده بنفشه جان ایشاالله خیر از زندگیت ببینی دخترم.

بنفشه ممنون زن عمو کاری نکردم هنوز که کامل معلوم نیست.

عمو احمد گفت: دستت درد نکنه دخترم از بنفشه تشکرکرد .

کامران با اجازه گرفتن از زن عمو و عمویش به سمت اتاق پری رفت چند ضربه به در زد و با بفرمایید پری وارد اتاق شد. پری مثل همیشه لبخندی به رویش زد وباگفتن خوب کامران حالا دیگه به جای داداشم می خوای شوهرم بشی !

کامران نه پری جان تو همیشه خواهر منی راستش من تو رو خیلی دوست دارم مثل خواهرام فرقی نداری. ولی این تصمیم بابا مامانه!

پری من نمی تونم باورکنم تو از تمام آرزوهات گذشتی می خوای با من زندگی کنی!

کامران این که تو از تمام آرزوهام مهمتری شک نکن .من می دونم تو نمی تونی از عمو زن عمو دور بشی و من هم نمی تونم تو روستا زندگی کنم، تازه واقعا دوست دارم فرنگ رو ببینم اونجا زندگی کنم در هر صورت باید برای گرفتن مدرک دکترا از کشور بروم می دانم تو برایت دشوار میشه ولی اگه تو بخوای منو انتخاب کنی مجبورم به تو وخواسته بابا مامان تن بدم و اینجا بمانم ولی خواستم چیز دیگریست.

پری : راستش کامران من هرگز فکر نکردم روزی بخواهم زن توبشم چون تودر قلب من مثل برادرم پدرام عزیزی چگونه می توانم فکردیگری نسبت به تو داشته باشم .تازه من در این آبادی بزرگ شدم تحمل دوری خانواده وپدر ومادرم را ندارم اگر می خواهی مرا از پدر و مادرم جداکنی من دق می کنم تو رو خدا این کار و نکن من تحمل دوری آنها رو ندارم تو می توانی با هرکس دیگر خوشبخت شوی ولی از من نخواه پا روی خانواده و عزیزانم قراردهم. وازآنها جدا بشم من آدم این روستا هستم تمام دوستانم تمام خاطرات کودکیم اینجاست .من تحمل دوری از کسی را ندارم کامران ازت خواهش می کنم بی خیال من بشی خودت از عمو و زن عمو بخواه که نمی خواهی با من ازدواج کنی .

کامران لبخند تلخی زد. گفت : راستش پری من هم دلم تو رومی خواد و هم تمام شرایط تو رو می فهمم . ولی قول بده اگه با من ازدواج نکردی با آدم خوبی ازدواج کنی ، و بدونی همیشه مثل خواهرام دوست دارم و نگران زندگیت هستم ،بقیه کارها رو بسپر به من خودم درست می کنم حالا هم اخماتو باز کن ما فردا میریم ،تا چندساعت آینده من حقیقت ماجرا رو برای بابا مامان و عمو و زن عمو می گم . تا دست از سرتو بر دارن همه چیز به حالت اول بر می گرده اگه ندیدمت منو ببخش ناراحتت کردم من هفته بعد دارم میرم .

پری برای لحظه ای از جایش بر خواست .چرا کامران ازدست من ناراحت شدی من دوست ندارم تو رو ناراحت کنم اگه فکر می کنی با قبول من مانع رفتنت میشم من قبول می کنم .

کامران نه پری تو تصمیم درست گرفتی از تو غیر این انتظار نداشتم.کامران خودم دوست دارم که برم خواستم تو اولین کسی باشی که می دانی .

پری هرجا که باشی عزیز مایی و بدون آرزویی جز سعادت و موفقیتت ندارم.کامران و پری برای همیشه از هم خداحافظی کردن وکامران به سالن برگشت.کامران بعدپیوستن به جمع عمو وپدر و مادر و زن عموش و پدرام و بنفشه به آنها گفت:من نظرم را به پری گفتم و همچنین چه تصمیمی برای آینده گرفته را مفصل برای همه گفت:گل تاج مش احمد از آن چه می شنیدن حاج و واج خشکشان زده بود. کامران هرآنچه برای آینده خود در نظر داشت برای عمو و زن عمو پدر ومادرخودگفت: وتاکیدکرد حاضرنیست بیش از این خودش را در این مورد معطل و ذهن دیگران را بی دلیل مغشوش کند. و به پری هم توضیح دادم که فعلا قصد ازدواج ندارم ونیز برای او احترام خواصی قائل هستم نه به عنوان همسرآینده بلکه دخترعمو عزیز .گل تاج با شنیدن حرفهای کامران خواست تا او را سرزنش کند ولی مش احمد مانع شد وگفت: کامران دیگر عاقل وبالغ است حق با اوست ما اصرار کردیم پری را برایش خواستگاری کنیم او قصدش چیز دیگری بود . مش احمد رو به برادرش مش رحمان با شرمندگی ازاین اتفاق و نیز اسرار بی جهت خود وگل تاج برای عروسی پری وکامران وعدم قبولی کامران از این عروسی و به درد سرانداختن برادرزن برادرش از این موضوع که می خواستن ازطریق پری مانع رفتن کامران بشوند. ابراز شرمندگی کردند.

مش رحمان گفت: این که نمی شودکسی را به زور به عقد کسی در آورد و مانع گریزش نشد شما فکرش را نکردید بعد این ممکن بود کامران دوباره زیرحرفش بزند. آنوقت ما چه خاکی بر سر می کردیم .

مش احمد باگفتن سرافکنده هستم برادرفکراین مورد را نکرده بودم بس که این زن پیشم آه وناله کامران راکرده بود.منم مصمم شدم ، باز خوبه بیشتر ما رو شرمنده نکرد و همه چیز ختم به خیر شده. گل تاج اما اگر کارد می خورد خون پس نمی داد سرجایش غر و لندش به گوش می رسید هی زیر لب به کامران چیزی میگفت. مش حمد این بار رساتربه او توپید وگفت: بس است زن تو آخر این پسر را دیوانه می کنی با این کارهایت ، مگر خودت حاضر می شدی به اجبار کسی را که نمی خواستی برگزینی این بچه که هزار بار گفته بود که برایش ادامه تحصیل در اولویت است چرا دست از سرش بر نمی داری. مش رحمان برویم بخوابیم برادر دیروقت است. شما هم کوتا بیا گل تاج !

مش رحمان رو به مهربانو زن : رخت ولاحاف منو احمد را روی بام بگذار می خواهیم در هوای آزاد بخوابیم .صبح زود بعد خوردن صبحانه مش احمد وکامران وگل تاج از روستا به شهرخانه شان برگشتن .کامران هم طبق گفته های خودش به پری بعد یک هفته برای ادامه تحصیل گرفتن مدرک پی زندگی خودش رفت. چند وقتی بود که آرامش به روستا برگشته بود مرد و زن روستا مشغول کارودام خودشان بودن .

پری هم نسبت به گذشته مسمم تر شده بود. که آینده اش را دراین روستا بسازد. در عمق وجود پری اسم مازیار هک شده بود ولی پری جرات نمی کرد آن را برای

۱۵۹

کسی به زبان بیاورد .هم می ترسید وهم باور نداشت که آیا مازیار هم نسبت به او چنین احساسی داشته باشد. از وقتی به همرا پدر و مادرش به خانه مازیار رفته بودند. دل در گروه مازیارگذاشته بود .پری بعد از آن روز دل باخته مازیار شده بود تمام فکر و ذهنش را مازیار پر کرده بود، کمتر از اتاقش بیرون می آمد و بیشتر خودش را در اتاق سرگرم میکرد و یا گاهی ساعتها کنار پنجره مینشست و از دور باغ را تماشا میکرد انبوه درختان مانع آن بود که او بتواند مازیار را ببیند ولی دلش را به همین خوش میکرد گاهی اوقات با ماه گل حرف میزد پری به ماه گل گفته بود بعد جشن خرمن و پهلوان شدن مازیاردیگر او را درحیاط خانه شان ندید ، نمی دانم چرا دیگر به اینجا نمی آید. بارها شده بود پری به ماه گل گفته بود که مازیار نمیداند که به او علاقه دارم و از ندیدن و نشنیدن صدایش در خانه مان چقدر غمگین می شوم. ماه گل هم گاهی ته دل پری را با حرفهایش خالی می کرد. تازه اگر هم مازیار از تو خوشش آمده بود تا بحال قدمی برداشته بود، ماه گل بی قرض با حرفهایش دل پری را می آزورد و گاهی هم چنان امیدوارش میکرد که او از شدت خوشحالی او را میبوسید . روزها و شبها به کندی برای پری می گذشت . پری دیگر آن دختر شاد و خوش خنده با نمک نبود، که سر سفره غذا در کنار پدر و مادرش مینشست اکثر اوقات یا دیر می آمد یا نمی آمد، این روزها دیگر حتی به خانه برادرش نمیرفت، پری در بدترین شرایط روحی امکان نداشت، خانه برادرش نرود حتماً میرفت و ساعتها با برادرزادهاش بازی و شیطنت میکرد و آنها هم از آمدن و بودنش در خانه شان خوشحال میشدند .

پری تغییر کرده بود، گوشه گیر و کلافه بود، کم حوصله و لجباز شده بود، حوصله سر و صدا را نداشت، از هر چیزی اشکال میگرفت از هر غذایی یک ایراد پیدا

میکرد، اشتها به هر غذایی نداشت، خلاصه با رفتارش مادرش مهربانو را حسابی خسته کرده بود .مهربانو با تمام این رفتارها او را با تمام وجود دوست داشت و میدانست که او در سنی است که نباید او را نارحت کند و نصبت به خودش رنجیده خاطرش کند، می دانست پری گوشه گیریش و ناراحتیش یا کم خلقیش به جای یا کسی ربط دارد، فکرش را کرده بود شاید دخترش از چیزی یا کسی ناراحت شده شاید از رفتار کامران و نخواستننش ناراحت افسرده شده و مریضی گرفته که رویش نمیشود بیان کند، بارها سعی کرد که از زیر زبانش بیرون بکشد ولی پری محلت نداد که او از درونش چیزی بفهمد، و با گفتن خوبم تنها کمی خسته و کلافه هستم از کنارش می رفت .

کدخدا هم بارها تغیر رفتار پری را به مهربانو همسرش گفته بود و علت ناراحتی او را جویا شده بود حتی برادرش پدرام و زن داداشش بنفشه که از تغییر رفتار پری و نیامدنش به خانه شان ناراحت بودند بنفشه بارها پیش مهربانو مادر شوهرش گفته بود که من از گل به او کمتر نمیگویم من از خانواده ام بیشتر به او علاقه دارم پری هر زمان که خانه ما می آید خانه ما را پر از شادی و خنده میکند من و پدرام از بودن او خوشحال میشویم نمیدانم چه شده که دیگر حتی برای بازی با برادرزاده اش دیگر پیش ما نمی آید .

بنفشه رو به مهربانو گفت :هم من و هم پدرام از وضعیت روحی او نگرانیم بعد بهم خوردن خواستگاری کامران دیگر پری آن آدم شاد وخندان گذشته نیست! مامان تو باید کاری برایش بکنی، شاید چیزی شده باشد . ولی روش نمیشه بیان کنه مثل من که آن زمانها عاشق پدرام شده بودم از خواب و خوراک افتاده بودم

شب و روز فقط به پدرام فکر میکردم، و با لبخندی گفت :خدا را شکر که شما پا در میانی کردید .

مهربانو هم نسبت به وضعیت پری نگران بود چاره کار را هم میدانست، ماه گل باید از ماه گل بخواهد تا از زیر زبان پری این موضوع را بیرون بکشد .

ماه گل طبق معمول دو روز در میان پیش پری می آمد و دو روز در هفته هم پری به دیدن ماه گل میرفت .آن دو از کودکی دوستان خوبی برای هم بودند .و از تمام رازها و گفته ها و کارهای هم با خبر بودند .

ماه گل طبق معمول روزهای گذشته عصری به خانه پری برای دیدن او آمد مهربانو منتظر او بود، ماه گل، ماه گل دخترم چند لحظه بیا پیشم، کارت دارم مهربانو بود که از پشت پنجره آشپزخانه ماه گل را صدا میزد، ماه گل به سمت آشپزخانه رفت و سلامی به مهربانو کرد و با گفتن چیزی شده خاله مهربانو کاری با من داشتید، مهربانو با لبخند گفت عزیز دلم خواستم زحمتی برایم بکشی صدایت کردم، اگر لطف کنی برایم بفهمی این دختره پری چه دردش شده که اینقدر ناراحت و افسرده شده اگر مشکلی داره به من بگی نگران حالش هستم، به من که چیزی نمیگه شاید تو که دوستشی بخواد برای تو صحبت کنه، تو هم یه زحمت بکش راجب ناراحتیش بپرس بعد هم به من بگو اگر مشکلی نیست ممنونت میشوم دخترم .

ماه گل کم بیش مشکل و ناراحتی پری را میدانست ولی چه میتوانست به مهربانو بگوید، با همه این تعاریف به مهربانو گفت چشم من از زیر زبونش

میکشم بیرون به شما اطلاع میدهم، از مهربانو خداحافظی کرد به سمت اتاق پری رفت .

پری، با دیدن ماه گل برق شادی از نگاهش بارید، ماه گل مونس تنهایی و یار و همدم تنهایهاش بود، از جایش برخاست و ماه گل را در آغوش کشید، برای پری این روزها چیزی به اندازه ماه گل و حرفهایش دلنشین و شیرین نبود با آمدن ماه گل، پری جان دوباره ای گرفت ولبخندبه صورتش برگشته بود ماه گل با بیان این نکنه که پری چرا انقدر تغییر کرده ای از چه چیزی ناراحتی من که دوست تو هستم لاعقل برای من بگو دردت چیست، از کسی ناراحتی یا مشکلی داری، پری با گفتن مهم نیست خواست موضوع را عوض کند، لبخندی به ماه گل زد ولی ماه گل برایش ناراحتی و رنج پری بی اندازه اهمیت داشت، دوباره اسرار بر دانستن موضوع کرد . پری گفت: اگر به کسی نمی گویی باشد راستش چند وقت پیش که عمو و زن عمویم اینجا بودن مرا برای کامران پسر عمویم خواستگاری کرده بودند و ماه گل چه خوب پس چرا ناراحتی راستش اگر به کسی نمی گی برایت بگویم ؟ ماه گل : یعنی می گی من دهن لغم. پری : نه ماه گل جان گفتم : حتی مادرم از تو پرسید چیزی را به او نگویی تا خودم برای مادرم توضیح دهم. ماه گل : من که تا به حال حرفهای بینمان را به کسی نگفتم بازم چشم. پری با گفتن آنچه بین او و کامران گذشت و خوشنودی خودش از سر نگرفتن آن خواستگاری برای ماه گل مفصل حرف زد .پری وقتی به ماجرای رفتنشان به خانه مازیار برای دعوت نهار پدرش اصغر بعد آمدن مازیار رسید اشک در چشمانش حلقه شده بود لب به سخن گشود و با گفتن موضوع و ماجرای دیدن مازیار و دل باختن به مازیار برای ماه گل از احساس حقیقی درونش حرف زد. پری به ماه گل توضیح داد

نمی داند که چرا به این شدت مازیار را دوست دارد و حتی نمی داند که آیا مازیار هم به او علاقه مند است یا نه تمام رنج و فکرهای چند ماه گذشته اش را برای ماه گل تعریف کرد و با قطره های اشکش شدت علاقه و دوست داشتن مازیار را به ماه گل فهمانده بود، ماه گل هم به او گفت :دوست داشتن مازیار کار اشتباهی نیست و او هم چون پری عاشق پسر عموی خودش است و چون از قبل برای پری گفته بود که کسی را دوست دارد ولی نمیتواند اسمش را بیان کند، ولی این بار با بیان این که هم اسمش را به زبان آورد و هم گفت که او پسر عمویش هوشنگ است که در حال گرفتن مدرک دانشگاهش درشهر است، دو دوست چند ساعتی باهم گفتگو کردند و ماه گل به پری قول داد که از طریق هوشنگ، موضوع علاقه پری را به گوش مازیار برساند و هم چنین نظر مازیار را در این مورد به پری اطلاع دهد .

پسر عموی ماه گل هوشنگ هم کلاسی قدیمی مازیار و دوست دوران بچگی مازیار و هم اینک رغیب کشتی پهلوانی مازیار بود. اشکالی ندارد من و هوشنگ کینه ای از مازیار نداریم و من برای خاطر تو هم که شده از هوشنگ می خواهم با مازیارحرف بزند. هوشنگ پسر یکی یک دانه صغری خانم، همسایه و دوست مادر مازیار گل بهار بود ماه گل، به پری گفت : هوشنگ مشغول گرفتن لیسانسش است و در شهر مانده هنوز امتحاناتش تمام نشده و فکر نمیکند تا یک هفته آینده بیاید باید صبر کند هوشنگ بیاید تا او بتواند به خانه عمویش برود، و آنجا مفصل راجب آنها و علاقه ات به مازیار با هوشنگ صحبت و مشورت کنم و نظر هوشنگ را هم جویا شوم .ماه گل به پری گفت ولی اکنون مهمتر از همه نگرانی خانواده و مادرش از حال و روزش است که از طرف مادرش وظیفه دارد

سر از کار و فکرت در بیاورم، بعد هم دو تایی زدن زیر خنده، ماه گل به پری حالا از شوخی گذشته به مادر چه بگویم، بگم چه دردته، چرا ناراحتی، هنوز در فکر آن رفتار نا شایست کامرانی و از شکست خواستگاری رنجور و مریض شدی خیر سرم من باید دلیلی برای مادرت بیاورم پری گفت :خودت چیزی درست کن بهش بگو ولی دست و پا گریخته بگو داری از زیر زبونم بیرون میکشی ولی وقت بیشتری لازمه تا بفهمی ولی حدس میزنی به خواستگاری وکم محلی کسی ربط دارد و دلش پیش کسی گیر بعد هم دوتای خندیدن .پس از هفته ها ماه گل و پری چند ساعتی باهم خوش و خندون نشستن و صحبت کردند مهربانو هر وقت آن دو را با هم خندان میدید کمی از نگرانیش نسبت به پری کم میشده و از بابت بودن ماه گل پیش دخترش پری خوشحال بود .برایشان کیک و شربت و میوه می برد تا کمی بیشتر به آن دو خوش بگذرد و تنهایی و درد و غصه هاشون از یادشون بره .مهربانو زن مهربون و دوست داشتنی بود، که همیشه به اطرافیان و هم مجلسی هایش با احترام و عزت برخورد میکرد و کسی را حقیر و کوچک نمیشمرد .مهربانو هنگام رفتن ماه گل او را صدا زد و با محبت از ماه گل راجع به ناراحتی دخترش پرسید و خواهش کرد که ماه گل حقیقت را برایش بازگو کند، مهربانوبه ماه گل گفت: او مادر است و ناراحت احوال دخترش ماه گل را وادار کرد که آنچه از پری شنیده برایش بگوید، ماه گل سعی کرد وانمود کند پری حرف مهمی برایش نگفته تنها گفت کمی از ماجرای خواستگاری پسر عمویش گفت: و از رد او توسط پسر عمویش دست پا گریخته حرف زد. به نظرم پری، ناراحت شده ولی به من نمی گوید باید کمی بیشتر با او صحبت کنم تا از کل ماجرا سر در

آورم. از مهربانو خداحافظی کرد و هنگام رفتن به مهربانو گفت: نگران پری نباشد همه چیزها را به زودی می فهمد و برایش بازگو می کند .

بعد رفتن ماه گل، مهربانو به اتاق پری رفت و با مهربانی و ذوق مادرانه در کنار پری نشت و با گفتن این موضوع که در زندگی هر انسانی مردی می آید ولی این که اگر کامران نشد زندگی به آخر رسیده سعی کرد کمی از ناراحتی پری بکاهد. مهربانو برای دخترش گفت دخترم من مادرت هستم و خوبی و سعادت تو را میخواهم در دنیا کسی عزیزتر از تو برایم نیست ومطمئن باش که برای دختری به خوبی و کمالات تو خواستگار خوب و مرد خوب پیدا می شود و سعی کن تا کامران را از ذهنت بیرون کنی کمی بیشتر به خانه برادرت برو بنفشه و پدرام جان نگرانت هستند و هم روحیه خودت بهتر می شود. پری سرش را پائین انداخته بود و به گلهای رو تختی خودش نگاه میکرد به مادرش گفت :چشم مامانی حتما به داداش و زن داداش بیشتر سر می زنم و هم حرف تو درست است در آنجا به من خوش می گذره با پویا جونم بازی می کنم

پری با گفتگو مادرش کمی از غم و غصه های مهربانو کاسته بود. مهربانو بوسه ای از مهر بر روی گونه های پری زد .

فصل ۲۸

کدخدا از کار مازیار خیلی خیلی راضی بود طی مدتی که از کار مازیا در مزرعه و باغ گذشته بود کدخدا از عمل کرد و فعالیت مازیار فوق العاده خوشحال بود مازیار به دقت به حرفهای کدخدا گوش میداد و کارها را به نحو احسن انجام میداد و کدخدا از بودن مازیار در کنارش راضی بود و او را مثل پسرش پدرام دوست داشت .کدخدا هر کاری به مازیار واگذار میکرد مازیار به خوبی از پسش بر می آمد و همین هم باعث شده بود که کدخدا هر کجا می نشست از مازیار تعریف و تمجید میکرد بارها به اصغر پدر مازیار گفت :خدا برایت ببخشد مازیار را، من پسری به خوبی و کاری و حرف شنوی مازیار ندیدم .این پسرت یه تیکه جواهره ! من از فعالیت و نظم کاریش لذت میبرم مثل پسرم دوستش دارم .

اصغر از شنیدن تعریف های کدخدا خوشحال میشد و همیشه میگفت شما اختیار دارید بزرگ ما هستید، هر کاری که میکنه وظیفشه، کدخدا شما پدری کردید او را قبول کردید، کار بهش دادید، خلاصه مهر مازیار را تو دل کدخدا میدید و از کار مازیار خوشنود بود که پسری فعال و سر به راه هست، و طی این مدت جز خوبی کار دیگری نکرده بود باید پا پیش می گذاشت و پری را برای مازیار از کدخدا خوستگاری میکرد ولی فکر کرد هنوز کمی زود است باید بدنبال یک فرصت بهتری باشد و سر فرصت مناسب موضوع را با کدخدا در میان بگذارد .

مازیار هم با تمام ناراحتی و غم و غصه اش در کارهای باغ و مزرعه کوتاهی نمی کرد می دانست برای به دست آوردن پری باید عاقلانه رفتار کند و هوای کار خود را داشته باشد و باید رضایت خاطر کدخدا از خودش را از طریق کار و

پشتکارش در باغ و مزرعه به دست بیاورد باغ داری و کشاورزی در کنار کدخدا بیشتر می توانست در به دست آوردن پری به او کمک کند برای همین هم تا جای ممکن اکثر کارهای کدخدا را با جان و دل انجام میداد. کدخدا هم خیلی از کار او راضی بود، زمستان هم در راه بود مازیار تمام کارهای باغ را انجام داده بود درختان را حرص کرده بود و شاخه های اضافه درختان پر بار را اصلاح کرده بود و درقسمتی از باغ به آتش کشید تا بیماری و حشرات در آنها به درختان سالم سرایت نکند.

بعد درد دل و گفتگو ماه گل و پری و فاش شدن علاقه و عشق پری به مازیار و گفتگو پری با مادرش، پری رفتارش را تغییر داد سعی میکرد بیشتر در کنار مادرش باشد او همچنین طبق قولی که به مادرش داده بود سعی میکرد دیگر نگران و دلواپس آینده اش نباشد. و با اینکارها فکرش را از مازیار بیرون می کشید و کمتر به فکر او می افتاد و غصه می خورد ولی در دل او را دوست داشت، پری بعد آن تصمیم موقع شام و نهار مثل قبل سر سفره حاضر میشد و می خندید و زیرچشمی به پدرش نگاه میکرد و حرفهای شیرین برایشان میزد انگار دوباره شده بود پری همیشگی، به خانه برادرش میرفت و ساعتها با برادرزاده اش بازی میکرد با بنفشه زن داداشش گل میگفت و گل میشنید و میخندید .

پری می دانست که نباید خانواده اش را بیشتر نگران و درگیر رفتار خودش بکند و هم تا زمانی که ماه گل گفته بود باید صبر میکرد تا ماه گل بتواند موضوع را با هوشنگ در میان بگذارد و هم او فرصت گفتگو با مازیار را داشته باشد تا بتواند نظرات مازیار را به ماه گل و او هم به پری برساند .

با تغییر روحیه پری مهربانو هم رفتارهای گذشته او را دال بر تنهایی و عدم توجه خود و خانواده نسبت به احساسات و اتفاقات خواستگاری پری میدانست و کارها را درست کرد و برای همین هم از کدخدا و پدرام و بنفشه درخواست کرد که طی روز بیشتر جویای احوال پری باشند تا جای ممکن سعی کنند تا او احساس کم محلی و تنهایی نکند و از بنفشه خواست، بچه شان را بیشتر اینجا بیاورد تا پری بتواند وقت بیشتری با آن بگذارند و با او بازی و سرگرم باشد و هم کار بنفشه سبکتر میشد اگر فرزندش در کنار پری بود . با پیشنهاد مهربانو، تمام خانواده بیشتر از پیش به پری توجه میکردند و پری هم از این بابت خوشحال بود .

هوشنگ پس از پایان امتحاناتش به روستا برگشت و ماه گل هم طبق عادت همیشگی هر روز به بهانه دیدن زن عمو و کمک به او به خانه عمو میرفت و هم میتوانست هوشنگ را ببیند و بدون مشکل در کنار زن عمو با او شوخیهای عاشقانه اش را مطرح میکرد و هوشنگ را در کنار مادرش دست می انداخت و می خندید، هوشنگ عاشق رفتارهای دوست داشتنی و شیطنت های این چنین ماهگل بود و از بودنش در کنارشان لذت می برد هم مادرش صغری خانم از بودن ماهگل در کنارش خوشحال و راضی بود و همیشه به ماهگل و مادرش میگفت : عروس خوب خودم هستی و این موضوع را هم بارها به شوهرش گفته بود که ماهگل باید عروس خودش شود و او هوشنگ به هم خیلی می آیند. آنها همدیگر را دوست داشتند و برای صغری خانم بیان نمیکردند. وقتی صغری خانم برای رسیدگی به حیوانات خانه، مرغ و بره های در طویله رفت به آنها غذا بدهد .

ماهگل فرصت را غنیمت دانست و موضوع پری و دوست داشتن مازیار را کامل و مفصل برای هوشنگ شرح داد و از هوشنگ خواهش کرد به دیدن مازیار برود و

نظر مازیار را راجب پری بداند و یا کاری کند هوشنگ راضی شد که به دیدن مازیار برود ولی قول نداد بتواند از مازیار چیز خوبی به دست بیاورد، ماهگل پس از آمدن صغری خانم، کمی نشست، از آنها خداحافظی کرد و به خانه بازگشت . باید منتظر جواب هوشنگ تا چند روز دیگر باشد هوشنگ طبق قولی که به ماهگل داده بود به محل کار مازیار رفت و او را دید مازیار از دیدن هوشنگ بسیار خوشحال شد و همچنین هوشنگ از دیدن مازیار بسیار شاد و خرسند شد هر دو دوست بزرگ شده بودند و عاقل و با وقار و هم به نظر مازیار هوشنگ شبیه آقا معلم ها شده بود و شمرده و با نزاکت با او رفتار میکرد و هوشنگ هم از تنومندی و درشتی بازوان مازیار متعجب بود و از او تعریف کرد که با گذشته خیلی فرق کرده و خوش اخلاق و خوش برخورد شده است بعد دو دوست از اوضاع و احوال هم با خبر شدن و کم کم گفتگو آنها به آینده و هدف های پیش رو کشیده شد، هوشنگ با بیان این که قصد داری در آینده نزدیک دامپزشک بشود و به روستا برگردد تا دام و حیوانات اهالی را درمان کند و همچنین اگر خدا بخواهد با عشقش ماهگل ازدواج کند و صاحب زندگی و خانواده شود، مازیار را در مسیر گفتگوهای خصوصی پیش برد و از مازیار پرسید تو چه هدفی برای آینده ات در نظر داری، آیا فرد خاصی را دوست داری و یا با کسی میخواهی ازدواج کنی یا نه دوباره از روستا میروی، مازیار را به حرف واداشت مازیار با گفتن ماجرای ورودش بعد از چند سال به روستا برای تهیه آذوقه و وسایل زندگی آمده بود برحسب اتفاق در باغ کدخدا و در کدام گوشه زیر کدام درخت مخفی شد و شب هنگام در روستا گشت و گذار کرد و همچنین ماجرای روز دوم و دیدن پری در حال قدم زدن در باغ و چیدن میوه دیده و چون با تمام وجودش شیفته دل

باخته پری در همان لحظه اول شد و گفت :تا آن زمان دختری به زیبایی و قد و بالای پری ندیده بودم و تمام مدتی که پری در حال قدم زدن در باغ بود مشغول تماشای او بوده و با تمام وجود دل به او باخته بودم، بعد از رفتنِ آن دختر زیبا انگار اتفاقی برایم پیش آمده بود بعد هم مازیار تمام ماجرا را برگشتن به جنگل و اتفاقات بعدی و بیمار شدنش به خاطر عشق و علاقه به آن دختر و همچنین انگار او بدون روحش به جنگل بازگشته بود و جسمش را آورده بود در جنگل روحش در ده باقی مانده بود و او روزها و شبها رنجور و مریض بوده و نزدیک بود از تشنگی و گرسنگی تلف شود .

تا این که او برای دیدن دوباره آن دختر به زندگی بازگشت و خود را امیدوار کرد . تا دوباره برگردد و او را پیدا کند و ببیند و ماجرای آمدن پدرش را تمام کامل برای هوشنگ تعریف کرد .

مازیار با بیان این که پدرش به او قول داده که به او کمک خواهد کرد تا به دختر مورد علاقه اش پری برسد و این کار را هم با صبر و حوصله باید پیش ببرد مازیار با اندوهی آکنده در دل گفت :بعد از ماها نزدیک یکسال است که دیگر نتوانسته، عشقش پری را ببیند و از این بابت غمگین و افسرده شده است و دیگر حوصله زندگی را هم ندارد و از این بابت که هوشنگ به حرفهای او گوش داده بود تشکر کرد و گفت :ماهها بود که دوست داشت برای کسی درد دل کند و دلش از درد و غم داشت پاره میشد و برای هوشنگ از حد و علاقه و عشقش به پری گفت و چقدر خاطر پری برایش عزیز و مهم است و عشق و علاقه به پری

برگشتن او و ماندنش در روستا شده است و به خاطر پری در باغ کدخدا کار میکند .

هوشنگ از شنیدن ماجرا و حد علاقه مازیار نسبت به پری متعجب بود و از دانستن چگونگی دیدن پری و دل باختن مازیار به او پیش از پری شگفت زده بود و به مازیار قول داد که تمام ماجرا و گفته هایش را به ماهگل خواهد گفت و او نیز به اطلاع پری میرساند و سعی خواهد کرد برای رسیدن آن دو به هم تلاش لازم را انجام دهد، هوشنگ با آرزوی رسیدن مازیار و پری به هم از مازیار جدا شد و هوشنگ از عمق علاقه آن دو بدون گفتگو تنها با دیدن هم بسیار شگفت زده بود و به جوانمردی و پاکدلی مازیار غبطه میخورد فردای آن روز هوشنگ تمام ماجرا را برای ماهگل تعریف کرد و ماهگل هم بعد از یک هفته با دست پر به دیدن پری رفت و او هم طبق قولی که به پری داده بود ماجرای رفتن هوشنگ به پیش مازیار و گفتگو آن دو با هم و تمام حرفهای رد و بدل شده بین هوشنگ و مازیار و چگونگی آمدن مازیار و دیدن پری در باغ و تا آخر ماجرای مازیار را برای پری بازگو کرد .پری از شنیدن حد و اندازه علاقه مازیار نسبت به خودش بی اندازه خوشحال بود و اشک شوق میریخت و از شنیدن کل ماجرای دوست داشتن مازیار و دل باختن او قبل از پری متعجب و خشنود شد، و از این که می شنید مازیار هم این چنین برای رسیدن به او بی تاب و علاقه مند است خوشحال بود .

پری پس از پایان شنیدن ماجرای علاقه مازیار به خود، از ماهگل به خاطر زحمتی که برایش کشیده بود تشکر و قدردانی کرد و رویش را بوسید و به

ماهگل قول داد که برای رسیدن او و هوشنگ تمام سعی و تلاشش را خواهد کرد، تا جبران زحمتش را که باعث آرامش خاطرش شده بکند. ماهگل از پری خداحافظی کرد و او را با رویاهای زیبایش تنها گذاشت. پری پس از شنیدن چگونگی علاقه مند شدن مازیار نسبت به خودش خون تازه ای در رگهایش به جریان افتاد، مطمئن شده بود که تنها او نیست که به مازیار علاقه مند بود بلکه این عشق و علاقه دو طرف بوده و مازیار هم چون او در تب و تاب رسیدن به او می سوزد. پری بسیار خوشحال بود انگار تمام خبرهای خوش زندگی را یکجا شنیده بود .

شادی و شور از تمام وجود او موج می زد مهربانو از دیدن شادی و خوشحالی پری پس از رفتن ماهگل متعجب میشد ولی همیشه آن را به فال نیک می گرفت و خوشحال بود، مهربانو کنجکاو از پری پرسید، دخترم خبر خوشی را شنیدی، خیلی خوشحالی چیزی شده، پری :بعد بهت میگم خیلی خبر خوشی بود.

فصل ۲۹

مازیار بعد پایان کار روزانه به خانه برگشت و با سلام بلندی ورود خودش را به گوش مشهدی و اکبر رساند اکبر کارنامه خودش را به او نشان داد و خبر قبولی و رفتن به کلاس بالاتر به مازیار گفت :مازیار هم با گفتن آفرین به او صورتش را بوسید و موفقیت بیشتر را در درس و مدرسه برایش آرزو کرد .

مشهدی هم با لبخندی به مازیار جویای کار و احوالش شد مازیار بعد نشستن در کنار مشهدی و بوسیدن دستش با روی باز کارهای روزانه اش را برایش تعریف کرد و منتظر آمدن پدرش اصغر شد .

اصغر کمی دیرتر به خانه برگشت، پس از آمدن اصغر مازیار برایش چای آورد و آنها در کنار هم نشستند، قبل شام کمی از کارها و اتفاقات روز باهم گفتگو کردند اصغر راجع به ساختن خانه ای در کنار باغ برای مازیار حرف زد و گفت اگر تو بخواهی ازدواج کنی باید خانه و سرپناهی برای خودت داشته باشی برای همین من مقدمات ساختن یک خانه را برای تو انجام دادم و آن را چند وقتی است شروع کردم مازیار هم خوشحال شد، و باورش نمیشد که پدرش به فکر آینده اش است .و می خواهد او صاحب خانه باشد .مازیار هم برای اصغر از دیدن هوشنگ و اتفاقات بین آنها و علاقه پری نسبت به خودش و پا پیش گذاشتن او خبر دارد، مشهدی و اکبر هم از شنیدن ماجرای مازیار و ازدواج قریب الوقوع او شادمان شدند .

اصغر به مازیار قول داد تا چند روز آینده راجب خواستگاری پری برای او با کدخدا صحبت کند .

چند روزی هم به همین منوال مازیار با رفتن به سرکار خودش را سرگرم میکرد در هر لحظه منتظر شنیدن خبر تازه ای بود .

اصغر بعد از چند روز کدخدا را دید و بعد از چاق سلامتی و احوالپرسی گرم از کدخدا جویای کار مازیار و رفتار و عمل کردش در مزرعه و باغ شد خبر و گرفت و کدخدا هم ضمن بیان این که خدا مازیار را برایت ببخشد هر چه از خوبی و تلاش این پسر حرف بزنم کم گفتم مازیار واقعاً پسری زحمتکش و فعال و پرتلاش است، من پسری به خوبی و عاقلی مازیار ندیده ام از خوبی های مازیار میگفت :اصغر با گفتن خدا شما را عمر دهد کدخدا که زیر دست و بال پسرم را گرفتید و او را در مزرعه مشغول کردید بهش امید دادید .والا تاکنون آطل و باطل میگذراند و بیکار می ماند .اصغر گفت راستش کدخدا خواستم اگر مازیار را لایق بدانید او را به غلامی قبول کنید و همانطور که او را مشغول به کار کردید صاحب آینده زندگی کنید و اجازه بدهید که داماد شما بشود و سر و سامانی به زندگیش و آینده اش بدهد، اگر اجازه بدهید با اتفاق مشهدی خدمت شما و مهربانو خانم برسیم .کدخدا کمی تأمل کرد و گفت :راستش اصغر آقا مازیار پسر خوب و کاری و سر به راهی است میدانم، ولی شما کمی به من وقت بدهید تا راجع به این موضوع اول با همسرم مهربانو مشورتی بکنم، بعداً پاسخ شما را بدهم، اصغر با گفتن به چشم کدخدا شما در حق ما لطف دارید و بزرگواری شما برایمان ثابت شده است .و با هم خداحافظی کردند .

بعد از شنیدن ماجرای عاشقانه مازیار، هوشنگ تصمیم خودش را برای ازدواج با ماهگل دختر عمویش جدی کرد و با تمام وجودش تصمیم گرفت که ماجرای

علاقه و خواستن دختر عمویش را با مادرش در میان بگذارد و از مادرش برای رسیدن به ماهگل کمک بخواهد. پس از بازگو کردن علاقه و عشقش به ماهگل پیش مادرش و بیان حد و اندازه دوست داشتن و خواستنش مادرش که از این خبر خوش شادمان شده بود او را در آغوش کشید و بر پیشانیش بوسه ای زد و به او قول داد که در اسرع وقت و اولین فرصت پدرش را برای خواستگاری ماهگل راضی خواهد کرد و او به همین زودی به آرزویش خواهد رسید و او نیز مثل هوشنگ به این وصلت و ازدواج روزها فکر کرده است .

کدخدا بعد آمدن به خانه هنگام خوردن چای موضوع خواستگاری پری توسط اصغر پدر مازیار را برای مهربانو تعریف کرد و همچنین گفت که به نظرش مازیار جوان لایق و فعالی است که میتواند دخترشان را خوشبخت کند، کدخدا تمام خوبی های مازیار را برای مهربانو برشمرد و گفت :من جواب اصغر پدر مازیار را منوط به مشورت با خانواده اعلام داشتم و همچنین خود پری، حالا بگو مهربانو نظر تو چیست آیا به نظرت مازیار برای همسری دخترمان لیاقت دارد یا نه اگر قبول نکردی من میتوانم جواب نه را به اصغر بگویم، مهربانو با بیان که مازیار پسر فعال و پرکاری است و انسانیتش برای همه معلوم و تمام اهالی ده هم او را به جوانمردی و بزرگواری میشناسند، تنها میماند، آینده زندگی و هزینه های آن و نیز محل زندگی، من که نمیتوانم دختر یکی یک دانه ام را برای زندگی به خانه پدرش بفرستم، اگر تو بتوانی محل سکونتی برای آنها جدا از منزل پدری یا در نزدیکی آنها پیدا کنی، باشه من حرفی ندارم .ولی باز نظر خود پری شرط است اگر دخترم قبول نکرد، نمیشود، مهربانو در دل خشنود بود و میدانست که پری مدتها منتظر شنیدن این موضوع بوده، خوشحال بود، مهربانو برای در جریان قرار

۱۷۶

دادن موضوع خواستگاری پری توسط پدر مازیار و دانستن موضوع و نظر پسرش پدرام هم در این مورد آنها را برای شام دعوت کرد که به خانه آنها بیایند. و با هم در این مورد گفتگو کنند. اصغر بعد برگشتن به خانه تمام جریان گفتگو خود با کدخدا را برای مشهدی و مازیار و اکبر بیان کرد و گفت: برای مازیار، دختر کدخدا پری را از او خواستگاری کرده است. مشهدی از شنیدن خبر خواستگاری مازیار خشنود و شکرگزاری شد، اکبر هم در پوست خود نمی گنجید، مازیار هم برق شادی در چشمانش شعله میکشید و سرش را پائین انداخته بود و داشت از شنیدن خبر خواستگاری بال در می آورد.

با آمدن پدرام و بنفشه، مهربانو به گرمی از آنها استقبال کرد و پری هم برای دیدن آنها و دیدن برادرزاده اش نزد آنها آمد.

صغری خانم مادر هوشنگ هم موضوع علاقه و دوست داشتن پسرش را با شوهرش در میان گذاشت و از او خواست که برای رسیدن آن دو با برادر و خانواده اش در میان بگذارد و هر چه زودتر در این باره صحبت کند. پدر هوشنگ با شنیدن علاقه هوشنگ و دوست داشتن برادرزاده اش بسیار خوشحال شد، پدر هوشنگ و برادرش از زمان های بچگی تا بعد از ازدواج با هم در ارتباط بودند و علاقه شدیدی به هم داشتن و بعد از ازدواج هم رابطه دو برادر صمیمانه ادامه داشت و فرزندانشان هم چون پدرانشان باهم در ارتباط و علاقه مند بودن، پس از اطلاع یافتن از ماجرا، پدر هوشنگ برای شب نشینی به خانه برادرش رفت و با برادرش راجع به آینده فرزندانشان مشغول گفتگو شدند و از نظر برادر و زن برادرش درباره ازدواج هوشنگ و ماهگل با خبر شده و از آنها ماهگل را برای

هوشنگ خواستگاری کردند و آن دو هم از این اتفاق، خوشایند بسیار خوشنود بودند، ماهگل از قبل راجع به علاقه اش به هوشنگ با مادرش صحبت کرده بود. مادرش این اتفاق خجسته را به فال نیک گرفت، پس از چند روز خبر نامزدی آن دو در روستا پیچید .

خانواده کدخدا آن شب مفصل راجب خواستگاری و ازدواج پری صحبت کردند. در زمانی که پری مشغول و سرگرم بازی با برادرزاده اش بود پدرام و پدرش گفتگو کردند، و پس از کلنجار زیاد کدخدا پسرش را راضی به ازدواج پری و مازیار کرد تنها مانده بود که مهربانو موضوع خواستگاری را با پری در میان بگذارد .

ماهگل پس از موافقت پدر و مادرش با ازدواج او و هوشنگ و قرار مراسم خواستگاری و نامزدیش، به دیدن پری رفت و خبر نامزدیش را برایش بازگو کرد، پری از صمیمِ قلبش برایش آرزوی خوشبختی و شادی در کنار هوشنگ کرد و به او قول داد در مراسم نامزدیش شرکت خواهد کرد پری از شادی در پوستش نمی گنجید، از شنیدن خبر نامزدی ماهگل و هوشنگ بی اندازه خوشحال بود، چندین بار ماهگل را به آغوش کشید و بوسید و بلندبلند میگفت ماهگل تبریک واقعاً برایت خوشحالم تو به آرزویت رسیدی مهربانو از شنیدن صدای هیجان و خندیدن بلند آن دو به اتاق پری آمد، پری با شادی موضوع نامزدی ماهگل را برای مادرش تعریف کرد مهربانو هم از شنیدن خبر نامزدی ماهگل و هوشنگ خوشحال شد و به سوی ماهگل رفت و او را در آغوش کشید و بوسه ای بر گونه اش گذاشتن و با لحن مادرانه به او تبریک گفت و برایش روزها و سالهای خوشی را آرزو کرد .

ماهگل هم از محبت و احساسهای شادمانه آنها تشکر کرد و چنین اتفاق خوشایندی را برای پری آرزو کرد .و با گفتن خاله مهربانو اگر با من امر ندارید من بروم ,از پری و مادرش مهربانو خداحافظی کرد و به خانه بازگشت .

بعد رفتن ماه گل، مهربانو و پری در کنار هم نشستن و پری دستش را دور مادرش حلقه زد و با گفتن چقدر برای ماهگل خوشحالم به مادرش خشنودی خود را ابراز داشت مهربانو با گفتن میخوام خبری به تو بدهم پری ولی قول بده زیاد ذوق زده نشی گفت پدر مازیار اصغرآقا از پدرت تو را خواستگاری کرده پری با شنیدن خبر خواستگاری از خوشحالی به هوا پرید، راستی مامان واقعاً مازیار میخواهد به خواستگاری من بیاید باورم نمیشه مامان بعد هم پری مادرش را در آغوش کشید و بوسید و مادرش به او گفت :خدا را شکر صبر پیشه کردی و کار اشتباهی از هر دو شما سر نزد، و عشق و علاقه شما به نتیجه نشست و آبروی همه حفظ ماند، بعد هم مهربانو از حرفهای رد و بدل شده بین کدخدا و پدرام و بنفشه و نظرات مثبت آنها نسبت به مازیار گفت و هم چنین از این که مازیار پسری فهمیده عاقل و پرتلاش است و لیاقت دختر یکی یک دانه اش را داراست حرف زد و به پری گفت اگر تو دیگر عاشق او نیستی بگو تا من مسئله را کنسل کنم، شاید نظرت عوض شه، باشه ها نظرات چیز دیگری است .

پری با گفتن مامان خودت میدانی من عاشق مازیار هستم ولی هر چه شما و پدر گفتید من قبول میکنم، اگر شما قبول دارید من هم راضیم .مهربانو با گفتن الهی خوشبخت شوی دخترم، تو لیاقت پسری به خوبی مازیار را داری او هم خوب است و هم مورد اعتماد پدرت میدانم مرد با وجدان و خانواده دوستی است بعد

رفتن مهربانو پری، داشت از خوشحالی بال در می آورد برایش باور کردنی نبود که چگونه مازیار به این سرعت پس از دانستن علاقه اش این تصمیم را گرفته و به این سرعت توانسته که پدرش را به خواستگاری او بفرستد، پری فکر میکرد خواب میبیند چه روز قشنگی بود .

بعد از شنیدن خبر موافقت پری و مهربانو کدخدا خبر موافقت خانواده خود را به اطلاع اصغر رساند و با اصغر قرار مدار شب خواستگاری را گذاشتن، اصغر در مسیر خانه بارها خداوند را شکر کرد و از این که کارها و شرایط را برای رسیدن پسرش به آرزوهایش فراهم آورده بود خوشحال بود و به خانه رفت .

بعد رسیدن مازیار اصغر در جمع مشهدی و اکبر مازیار خبر موافقت خانواده کدخدا با ازدواج مازیار و پری را به اطلاع آنها رساند و قرار شب خواستگاری را ابراز داشت صبح زود مازیار و اصغر به شهر رفتند و هدیه ای برای پری و یک کت و شلوار و مقداری وسایل مورد نیاز و انگشتری برای نشان دست عروس تهیه کردند و تا بعدازظهر به خانه بازگشتند .

شب هنگام مازیار در لباس نو و رسمی و برازنده با شاخه های گل که از باغچه تهیه کرده بود به همراه اصغر و مشهدی و اکبر به خانه کدخدا رفتند، کدخدا و پدرام به استقبال آنها آمدن و پس از چاق سلامتی و احوالپرسی از مهربانو و تقدیم دست گل توسط مازیار به مادر زن عزیزش در سالن خانه گرد هم نشستن و گرم گفت و گو شدند .

کدخدا احترام ویژه ای برای مشهدی قائل بود مشهدی مردی سن و دنیا دیده بود و هم از لحاظ سنی و بزرگی از او بزرگتر و مسن تر، مشهدی با بیان این که

مازیار پسرم آدم پرتلاش و مهربان و فوق العاده خوب و حرف گوش کنی است سر گفتگو را باز کرد، کدخدا هم با گفتن درست می فرمایید مشهدی من خودم همه جوره مازیار را قبول دارم و او را بارها آزموده ام می دانم او پر تلاش و فعال هست ولی برای زندگی چیزهایی جزو ضروریات و لازمه زندگی است، من قبول دارم که او پرکار و فعال است ولی ما هم باید زیر پر و بالاش را بگیریم تا او بتواند خود را بالا بکشد، اصغر در این زمان با گفتن این که درست است کدخدا من از ماهها پیش به فکر این موضوع افتاده بودم و از آن زمان تصمیم گرفتم که برایش در زمین باغ خانه ای بسازم به لطف الهی اکثر کارهای خانه را انجام داده ام تنها مانده چند کار دیگر که آن هم به زودی تمام میشود، کدخدا :پس خدا خیرت بدهد زودتر بگو من نگران آینده و خانه و سر پناهشان بودم پس این مورد هم حل شده بعد از گپ و گفتگو بزرگترها و قرار مهریه و جهاز وسایل همه چیز نهاده شد .کدخدا از پدرام خواست شیرینی به مهمانان تعارف کند و پدرام بلند شد روبروی مشهدی و بعد پدرش و اصغر و یکی یکی برای همه شیرینی گذاشت، در این حال مهربانو دخترش پری را صدا زد و گفت :دخترم چای برای مهمان ها بیاور، بنفشه که برای کمک به پری رفته بود، چای و نعلبکی را در سینی آماده کرد و به پری داد و لبخندی به رویش زد و گفت دیگر ببر، پری سینی چای به دست وارد شد سلام کرد اول روبروی کدخدا پدرش سینی چای را گرفت که پدرش گفت اول مشهدی بعد ما خلاصه هرکس چیزی به او گفت : اصغر پدر مازیار هم با گفتن دستت درد نکند عروس خوبم از پری تشکر کرد مازیار هم از او تشکر کرد و بعد هم کنار مادرش نشست، پس از احوالپرسی و تبریکات همه به او مراسم آشنایی و خواستگاری دو خانواده به خوبی خوشی پیش

رفت در آن شب قرار نامزدی آن دو گذاشته شد مراسم جشن برای بعد هفته آینده گذاشته شد، کدخدا برای یکی یک دانه دختر سوگولی اش سنگ تمام گذاشت اکثر اهالی ده را دعوت کرد و مراسم جشن و شادی محلی در مراسم برگزار شد. پس از ماها دوری و دلدادگی دو عاشق به عقد هم در آمدند و در کنار هم ایستاده اند و لبخند خود را تقدیم دوستان و آشنایان میکردند، ماه گل و هوشنگ هم در کنار آنها بودند، مازیار و پری با دلی پر از عشق و خواستن دست در دست هم گذاشتن و بسوی جاده زندگی رهسپار شدند. مازیار و پری در جشن نامزدی ماهگل و هوشنگ شرکت کردند، جشن زیبا و صمیمی آن دو هم به خوبی برگزار شد، دست سرنوشت کارش را به خوبی انجام داد عشق و علاقه مازیار به پری باعث شد تا بتواند تمام مسیر پر پیچ و خم زندگی را به خوبی پشت سر بگذارد و به آرزویش برسد، آن دو غرق در شادی و شعف بود، یک روز مازیار میخواست برای کشته شدن گاو سیاه و دوست داشتنیش از کدخدا انتقام بگیرد و حال دست سرنوشت ورق را برگردانده بود مازیار به دستهای کدخدا بوسه زد و از او بخاطر همه چیزی که به او داده بود تشکر میکرد .

مازیار صبح اولین روز نامزدی به سر خاک مادرش رفت و شاخه گلی را تقدیم مزارش کرد و اشک شوق ریخت و به مادرش گفت :از بابت همه چیز ممنونم، از این که هوایم را داشتنی و از این که کمک کردی تا به عشقم پری برسَم، سپاسگذارم مازیار برای روح مادرش طلب آموزش و مغفرت کرد و فاتحه ای خواند. همان جا به مادرش قول داد قدر زندگی و همسرش را بداند و عاشقانه دوستش داشته باشد .به خانه بازگشت پری لبخندی به رویش زد، آن دو سالهای

سال در کنار هم با فرزندانشان شادمانه زندگی کردند و ماجراهای مازیار و عشق

علاقه اش به پری داستان اهالی ده بود و آن را برای کودکانشان بازگو میکردند .

پایان